[redacted]

Un Noël *hollandais*

Rinske Stevens

les éditions de saxe

Introduction

Noël est le moment de l'année que je préfère : journées sombres et longues nuits d'hiver ; visites familiales des fêtes de fin d'année. C'est le moment où je décore ma maison. Au fil des années, j'ai collectionné de nombreuses décorations de Noël. Malgré tout, celles faites à la main seront toujours mes préférées. C'est pourquoi je veux vous inciter à créer les vôtres, et partager avec vous cette fébrilité à l'approche de Noël.

Ce livre contient de nombreux ouvrages différents, la plupart faciles et rapides à faire.
Bien sûr, il faudra un peu plus de temps pour réaliser le quilt !
J'espère que mon premier livre vous plaira et que la joie de Noël augmentera avec chaque ouvrage que vous entreprendrez.

Remerciements

Deux stylistes, Hilde Hoebeke et Emmy van Ruitenbeek, m'ont aidée à vous présenter toutes les idées de ce livre. Hilde a créé le magnifique quilt qui est le focus de cet ouvrage. Un grand merci ! Emmy a dessiné les cartes de Noël et les cadeaux. Elle a aussi décoré la maison en pain d'épices. Emmy, tu m'as beaucoup apportée. J'ai créé la maison en pain d'épices, Sara, les anges, les bonshommes de neige et les personnages en pain d'épices.
Je voudrais aussi remercier d'autres personnes qui m'ont soutenue.
Truus, ma mère, qui a réalisé de nombreux modèles. Matthijs, mon mari, mes enfants Feliks, Jeroen, Charlotte et Martijn pour leur patience à mon égard. Un remerciement spécial à Jeroen qui m'a beaucoup aidée avec les dessins. Sans le soutien et l'aide de Repromotion, Marleen, nous n'aurions jamais pu obtenir un résultat aussi parfait.
J'ai appris qu'écrire un livre est une affaire d'équipe. Et j'ai adoré ça !
Prenez plaisir à réaliser ces modèles et laissez-vous conquérir par la joie de Noël.

Sommaire

Le Père Noël arrive

SANTA IS COMING
Christmas

Le Père Noël arrive

De Hilde Hoebeke

Dimensions du quilt :
100 x 122 cm

Les dimensions sont données valeur de couture de 0,5 cm comprise sauf indication contraire, les gabarits sans valeur de couture.

Les fournitures

Utiliser différents tissus assortis
★ 35 x 110 cm de tissu vert pour le fond du Père Noël
★ 20 x 110 cm de tissu vert pour la bordure 1
★ 45 x 110 cm de tissu rouge pour la bordure 2
★ 35 x 110 cm de tissu vert pour la bande de finition
★ 110 x 130 cm de tissu de doublure
★ 110 x 130 cm de molleton
★ différents boutons
★ freezer paper
★ voile thermocollant double-face
★ mouliné à broder crème, noir, rouge, vert et marron
★ Rhodoïd et feutre permanent à pointe fine

La marche à suivre

Réalisation du quilt
Utiliser les gabarits inclus de la page 56 à la page 63. Assembler les différents blocs en rangées horizontales puis joindre les rangées entre elles pour assembler le panneau. Chaque bloc est expliqué individuellement.

L'assemblage
Pour l'assemblage, superposer les pièces endroit contre endroit et les joindre avec une valeur de couture de 0,5 cm en s'assurant qu'elle est de largeur constante. Repasser les valeurs de couture sans les ouvrir vers le tissu le plus foncé ou dans le sens qui évitera au mieux les surépaisseurs.

Blocs A (A1 et A2)
Tracer les gabarits pour ce bloc (carré **A**, petit triangle **B** et grand triangle **C**. Voir dimensions page 8) sur le Rhodoïd avec le feutre permanent puis les découper sur les traits.

SANTA IS COMING

Blocs A1 + A2 2x

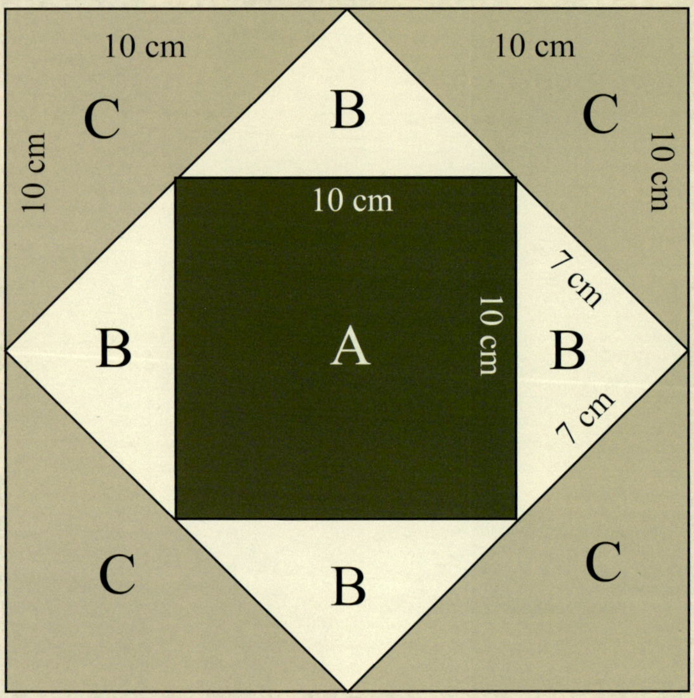

Dessiner le contour des gabarits sur l'envers des tissus correspondants (varier les tissus) et ajouter 0,5 cm de valeur de couture tout autour en coupant les pièces.

En s'aidant du dessin, coudre 1 triangle **B** sur 2 bords opposés du carré **A** puis ajouter 1 triangle **B** sur les 2 bords restants du carré. Repasser les valeurs de couture.
Ajouter ensuite les triangles **C** de la même façon autour de l'assemblage précédent.

★ Appliqué
Une fois le bloc assemblé, appliquer le motif des cloches (page 58) avec du voile thermocollant (voir page 9 pour les explications détaillées de la méthode).

Finir les bords avec un point de feston à la machine ou à la main (voir page 11).

Réaliser un autre bloc **A** en miroir pour l'angle opposé du panneau.

Blocs de carrés en dessous des blocs A

Couper 40 carrés **K** de 6 cm de côté (valeur de couture de 0,5 cm comprise – dimension des carrés finis : 5 cm de côté).

Joindre les carrés **K** par rangées de 4 en suivant le diagramme d'assemblage ci-dessous pour disposer les couleurs.
Joindre les rangées par 3 pour former 2 blocs de carrés et ajouter ces derniers au bas des blocs **A**.

Bloc B

Le bloc **B** est un rectangle de tissu vert de 40 x 35 cm (valeur de couture non comprise) pour le fond du Père Noël qui se trouve entre les assemblages blocs **A**/blocs de carrés **K**. Voir le diagramme d'assemblage ci-dessous.
Le bloc **B** ne sera appliqué qu'après le montage de l'ensemble du quilt (voir page 20).

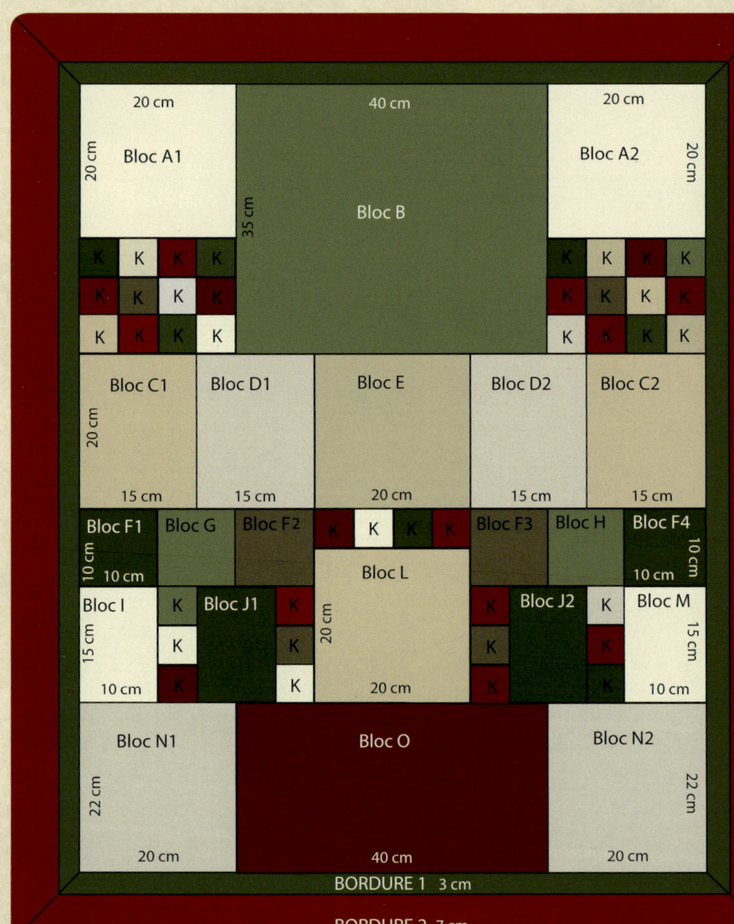

Blocs C (C1 et C2)

Couper 2 rectangles de 21 x 16 cm (valeur de couture comprise) pour le fond des blocs **C1** et **C2**.
Réaliser le motif « Fillette de Noël » (gabarit page 61) en appliqué thermocollé. Le motif de **C2** est en miroir par rapport à celui de **C1**. Les cheveux sont réalisés avec quelques brins de mouliné crème.
Broder le contour de chaque pièce appliquée avec un point de feston. Le nœud de la ceinture est brodé au point arrière (voir page 16).

Appliqué thermocollé

Tracer les pièces du motif appliqué sur le papier protecteur du voile thermocollant en laissant 1 cm entre chacune. Le motif est visible par transparence à travers le voile et les dessins sont déjà inversés pour que les motifs soient dans le bon sens une fois appliqués. En tenir compte pour les blocs en miroir.

Les pointillés sur les gabarits indiquent les endroits où les pièces se chevauchent. Identifier chaque pièce puis la découper à environ 0,5 cm au-delà du trait avant de la thermocoller sur l'envers du tissu correspondant : la pièce est posée côté papier vers soi et repassée avec un fer sec réglé sur chaud. Laisser refroidir les pièces avant de les découper sur le trait. Retirer le papier protecteur pour révéler le voile thermocollant resté sur l'envers du tissu.
Disposer ensuite les différentes pièces endroit vers soi sur le tissu de fond. Quand tout le motif est composé, thermocoller les pièces au fer pour les fixer de façon permanente. Les bords sont ensuite terminés par un point de broderie machine ou main. A la main, broder un point de feston. Voir page 11.

Blocs D (D1 et D2)

★ Assemblage du sapin

Préparer les gabarits pour ces blocs selon les dimensions ci-contre, en les traçant sur du Rhodoïd avec un feutre permanent à pointe fine. Les découper sur les traits avec des ciseaux. Dessiner les contours des gabarits sur l'envers des tissus et ajouter 0,5 cm de valeur de couture tout autour. Couper.

Le sapin est composé de 4 rangées

1. Assembler la rangée supérieure. Coudre avec une valeur de couture précise de 0,5 cm pour que les pièces s'assemblent parfaitement. Ajouter 1 triangle de fond de part et d'autre d'1 triangle vert. Repasser. Assembler la rangée 2 de la même façon.

2. Assembler la rangée 3 de la même façon mais la taille des pièces est différente. Repasser.
La rangée 4 pour le tronc est composée de 3 rectangles.

Joindre les 4 rangées puis repasser les valeurs de couture dans le même sens.

Assembler 2 blocs sapin.

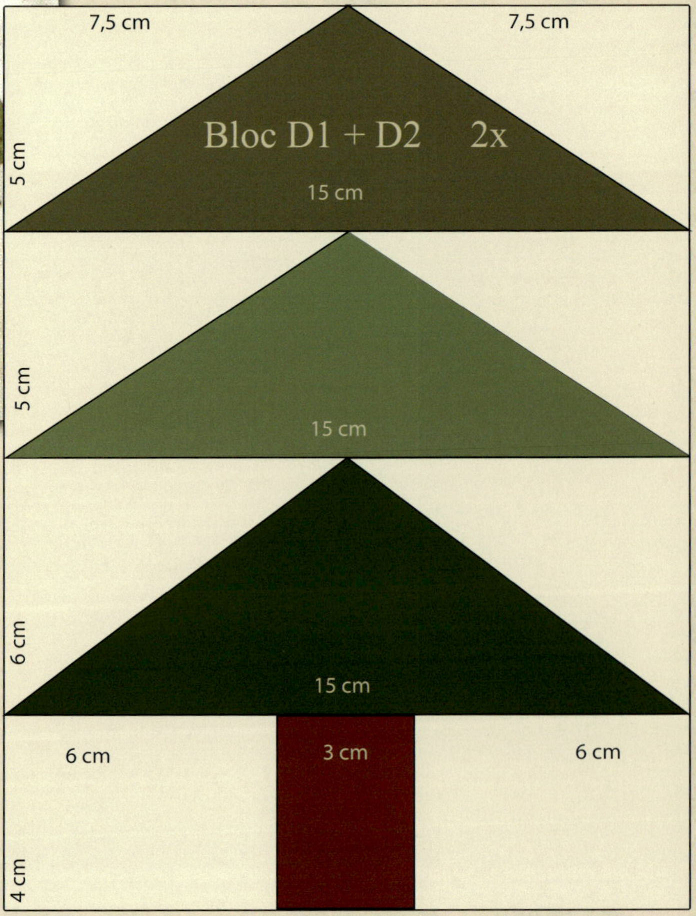

Bloc E

Couper 1 carré de tissu de fond de 21 cm de côté (valeur de couture comprise) et réaliser le motif des nounours (gabarits page 59) avec la méthode d'appliqué thermocollé (voir page 9). Finir le bord des pièces avec un point de broderie main ou machine.

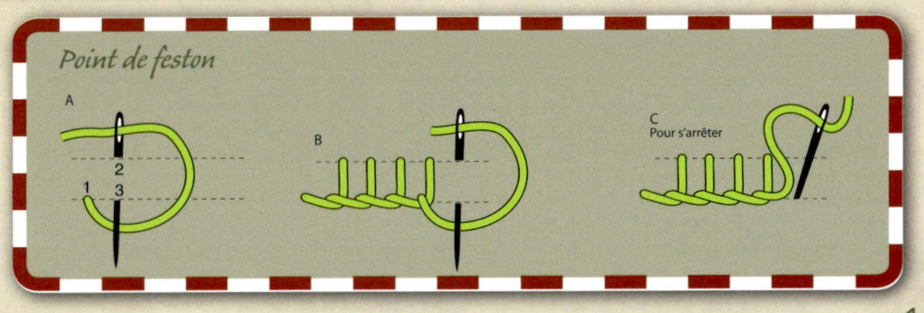

Blocs F (F1 à F4)

★ Assemblage de l'étoile

Préparer les gabarits (selon les dimensions ci-contre sur du Rhodoïd) pour l'étoile : il faut le carré **A**, le triangle **B**, le triangle **C** et le carré **D**.

Tracer le contour des gabarits sur l'envers des tissus correspondants en s'aidant du dessin. Noter qu'il faut 4 fois le triangle **B** et 4 fois le triangle **B** inversé (retourner le gabarit pour obtenir la pièce inversée).

L'étoile est composée de 3 rangées :

1. Coudre 1 pièce **B** et 1 pièce **B** inversée sur les côtés d'1 triangle **C** puis ajouter 1 carré **A** de part et d'autre de cet assemblage.

2. Préparer 2 assemblages **B/C** comme pour la rangée précédente et les ajouter de part et d'autre du carré **D** en s'aidant du dessin pour les orienter.

3. Faire une autre rangée identique à la rangée 1.

4. Joindre les 3 rangées en s'aidant du dessin.

Ajouter un bouton en forme d'étoile au milieu du bloc et assembler un total de 4 blocs étoile.

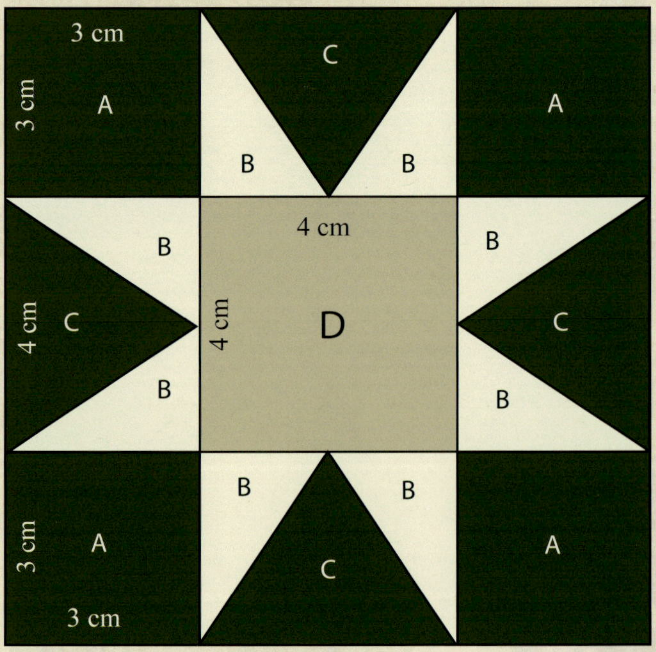

Blocs G et H

Couper 2 carrés de tissu vert de 11 cm de côté pour le fond des ours dansants (valeur de couture comprise). Réaliser les gabarits (page 59) sur du Rhodoïd. Réaliser les blocs avec la méthode d'appliqué thermocollé en centrant le motif sur les carrés de fond. Utiliser des chutes de tissus pour les différentes pièces du motif. Finir le bord des pièces avec un point de broderie main ou machine.

Ajouter un bouton en forme de botte de Noël dans la patte de chaque ours. Broder les yeux au point de nœud. Voir schéma ci-dessous.

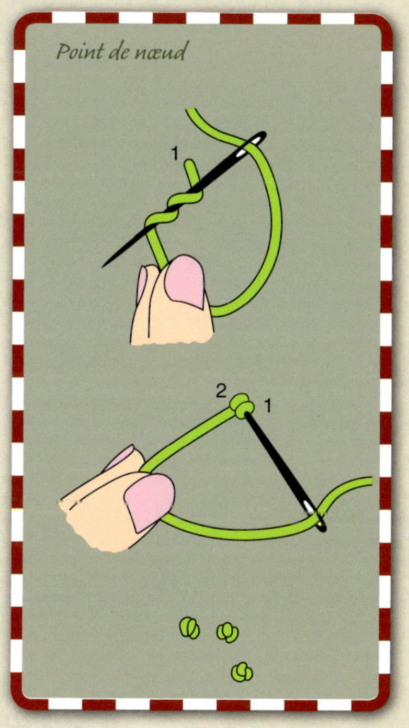

Blocs I et M

Couper 2 rectangles de tissu crème de 16 x 11 cm (valeur de couture comprise). Réaliser les gabarits (page 60) sur du Rhodoïd. Réaliser les blocs avec la méthode de l'appliqué thermocollé en centrant les Pères Noël sur les rectangles de fond. Finir le bord des pièces avec un point de broderie main ou machine.
Ajouter des tous petits boutons noirs pour les yeux et broder le nez avec du mouliné rouge et un point de bourdon. (Voir schéma ci-contre)

Point de bourdon

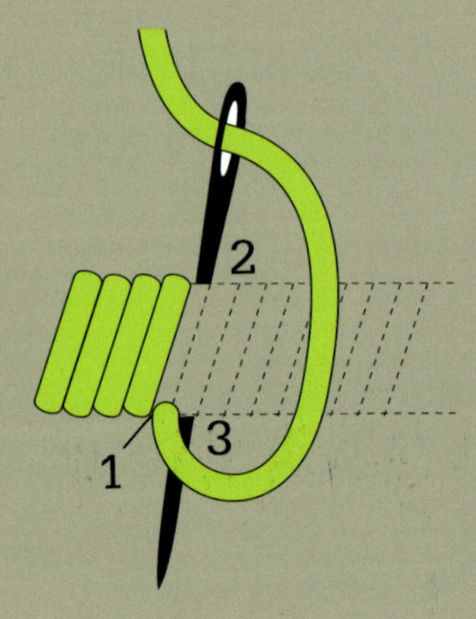

Blocs J (J1 et J2)

Couper 2 rectangles de tissu vert de 16 x 11 cm (valeur de couture comprise) pour le fond des blocs. Réaliser les gabarits (page 57) sur du Rhodoïd. Appliquer les bottes de Noël avec la méthode du freezer paper. Les autres parties du motif sont thermocollées. Centrer le motif sur les rectangles de fond.

Reprendre les explications page 9 (appliqué thermocollé) pour préparer et appliquer les cannes en sucre, le bout et le talon des bottes et le revers en fourrure. Le bloc **J2** est en miroir par rapport au bloc **J1**.

Ajouter un bouton en forme de feuille de houx sur chaque botte.

Appliqué avec du freezer paper

Le freezer paper a une face brillante qui se ramollit et devient collante sous l'effet de la chaleur d'un fer. Si la température du fer n'est pas trop forte, chaque pièce de freezer paper peut être recollée plusieurs fois sur le tissu.

Tracer le contour de chaque gabarit au crayon de papier sur le côté mat du freezer paper. Découper sans ajouter de valeur de couture. Avec un fer réglé sur tiède/chaud, repasser le côté brillant des gabarits en freezer paper sur l'envers des tissus correspondants. Découper le tissu en ajoutant 0,5 cm de valeur de couture autour du freezer paper. Bâtir ou utiliser un bâton de colle pour tissu pour maintenir la valeur de couture repliée autour du freezer paper. Coudre les pièces sur le fond avec un point invisible. Une fois l'appliqué terminé, évider avec soin le tissu de fond à l'intérieur des pièces sur l'envers du bloc pour pouvoir retirer le freezer paper.

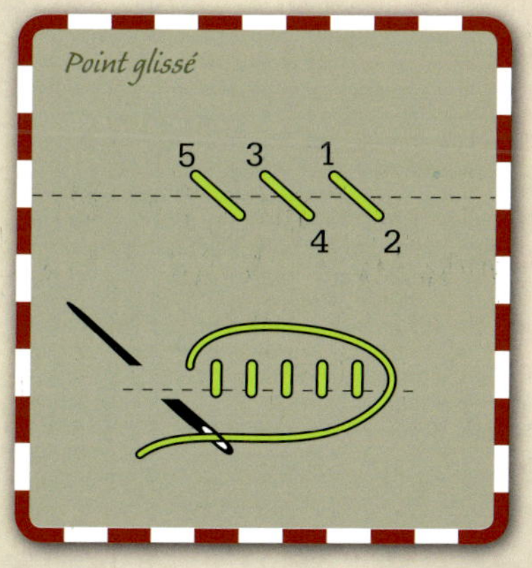

Bloc L

Couper 1 carré de tissu crème de 21 cm de côté (valeur de couture comprise). Réaliser les gabarits page 60 sur du Rhodoïd. Appliquer les boules de Noël avec la méthode du freezer paper. Voir page 15.

Ajouter les détails sur les boules de Noël en les thermocollant (voir page 9).
Broder les attaches des boules au point arrière. Voir schéma ci-contre.

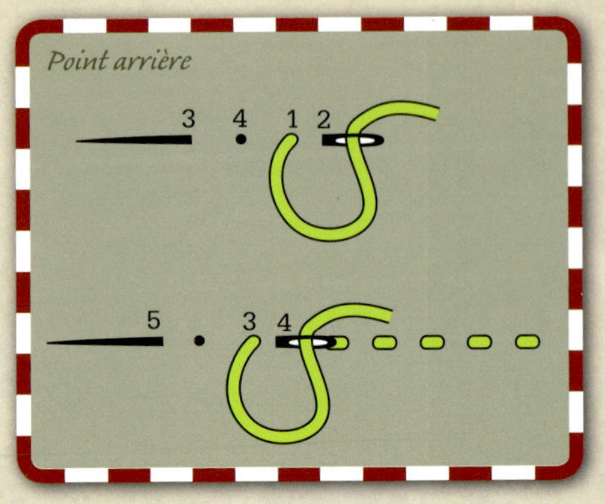

Blocs N (N1 et N2)

Couper 2 rectangles de tissu écossais de 21 x 23 cm (valeur de couture comprise) pour le fond des rennes. Réaliser le gabarit (page 61) sur du Rhodoïd. Appliquer le corps des rennes avec la méthode du freezer paper (voir page 15) et thermocoller les autres éléments du motif (pièces sur le corps, bois, oreilles, nez et nœud, voir page 9). Coudre un petit bouton au milieu du nœud et des mini-boutons noirs pour les yeux. Broder une ligne entre la tête et le corps au point arrière pour les séparer.
Le bloc **N2** est en miroir par rapport au bloc **N1**.

Bloc O

Couper 1 rectangle de tissu rouge à pois de 23 x 41 cm (valeur de couture comprise). Réaliser les gabarits (pages 62 et 63) sur du Rhodoïd. Appliquer les cadeaux avec la méthode du freezer paper (voir page 15). Les rubans sont thermocollés (voir page 9).

Ajouter un petit bouton sur les rubans des cadeaux 1 à 4. Broder le ruban du cadeau 2 ainsi que le haut des cadeaux 4 et 5 au point arrière. (Voir schéma page 16)

Assemblage du panneau

★ **Rangée 1**

La première rangée du panneau (**A/K** + **B** + **A/K**) est déjà assemblée (voir page 8).
S'aider du diagramme d'assemblage du panneau pour disposer les blocs et les coudre par rangées puis joindre les rangées avec 0,5 cm de valeur de couture.

★ **Rangée 2**

Joindre les blocs **C1**, **D1**, **E**, **D2** et **C2**.
Joindre les rangées 1 et 2.

★ **Rangée 3**

Joindre les blocs **F1**, **G** et **F2** et les blocs **F3**, **H** et **F4** pour obtenir 2 assemblages de 3 blocs chacun.
Joindre les carrés **K** pour obtenir 4 rangées de 3 carrés chacune. Coudre l'une de ces rangées à droite et à gauche de chaque bloc **J**. Ajouter le bloc **I** à gauche d'un assemblage bloc **J**/rangées **K** et le bloc **M** à droite de l'autre assemblage bloc **J**/rangées **K**.

Coudre la section avec les blocs **I** et **J** sous l'assemblage blocs **F1**/**G**/**F2** et la section avec les blocs **J** et **M** sous l'assemblage blocs **F3**/**H**/**F4**.
Assembler une rangée avec les 4 carrés **K** restants et la coudre en haut du bloc **L**.
Pour finir la rangée 3, joindre les 3 sections réalisées dans les étapes précédentes en s'aidant du schéma ci-contre. Ajouter la rangée 3 au bas des rangées 1 et 2.

★ **Rangée 4**

Coudre un bloc **N** de part et d'autre du bloc **O** puis ajouter cette rangée sous la rangée 3 pour terminer le panneau central.
Une fois le panneau assemblé, terminer l'appliqué du Père Noël avec la banderole « Santa is coming ». Les gabarits pages 56, 57 et 58 sont à réaliser sur du Rhodoïd. Le motif est appliqué avec la méthode du freezer paper (voir page 15) et le visage est thermocollé (voir page 9).
Coudre un bouton rouge pour le nez et des mini-boutons noirs pour les yeux. Les sourcils et les textes de la banderole sont brodés au point arrière.

Coudre des boutons en forme de flocons de neige sur le tissu de fond.

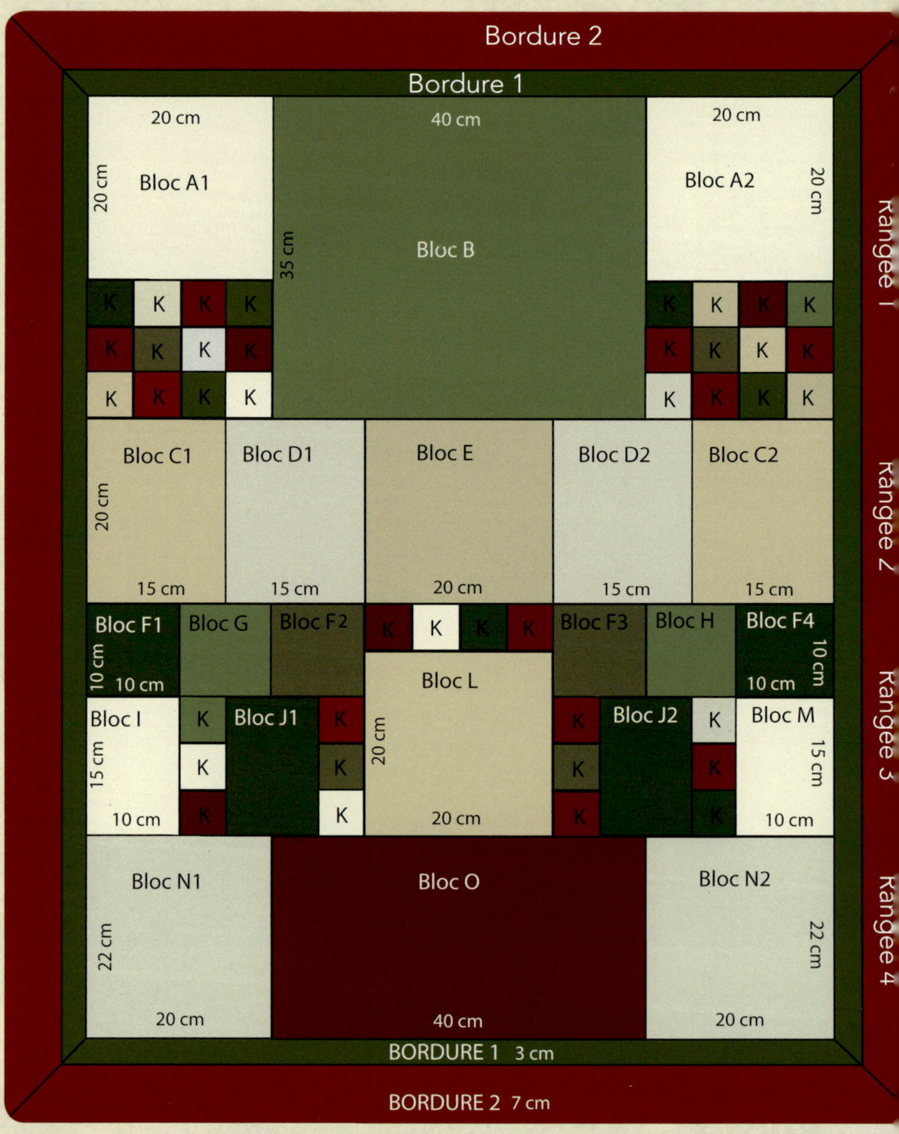

Bordures en onglet

Pour la bordure 1 étroite, couper 6 bandes de 4 cm de largeur (valeur de couture comprise) et joindre 4 de ces bandes par 2 pour obtenir 2 bandes longues et 2 bandes courtes.

Pour la bordure 2 plus large, couper 8 bandes de 8 cm de largeur (valeur de couture comprise). Coudre les bandes par 2.

Coudre les bandes étroites sur les bandes larges en faisant correspondre leur milieu.

Mesurer le milieu du haut et du bas du panneau et l'indiquer par une épingle. Mesurer le milieu de la bordure étroite et l'indiquer par une épingle. Poser les bordures sur le haut et le bas du panneau, endroit contre endroit, en faisant correspondre les épingles. Epingler toute la longueur.
Commencer la couture au centre et coudre vers la droite, puis vers la gauche. Arrêter la couture à 1 cm de chaque angle et faire quelques points arrière (schémas 1 et 2).
Coudre les bordures à droite et à gauche du panneau de la même façon.

Bordures en onglet

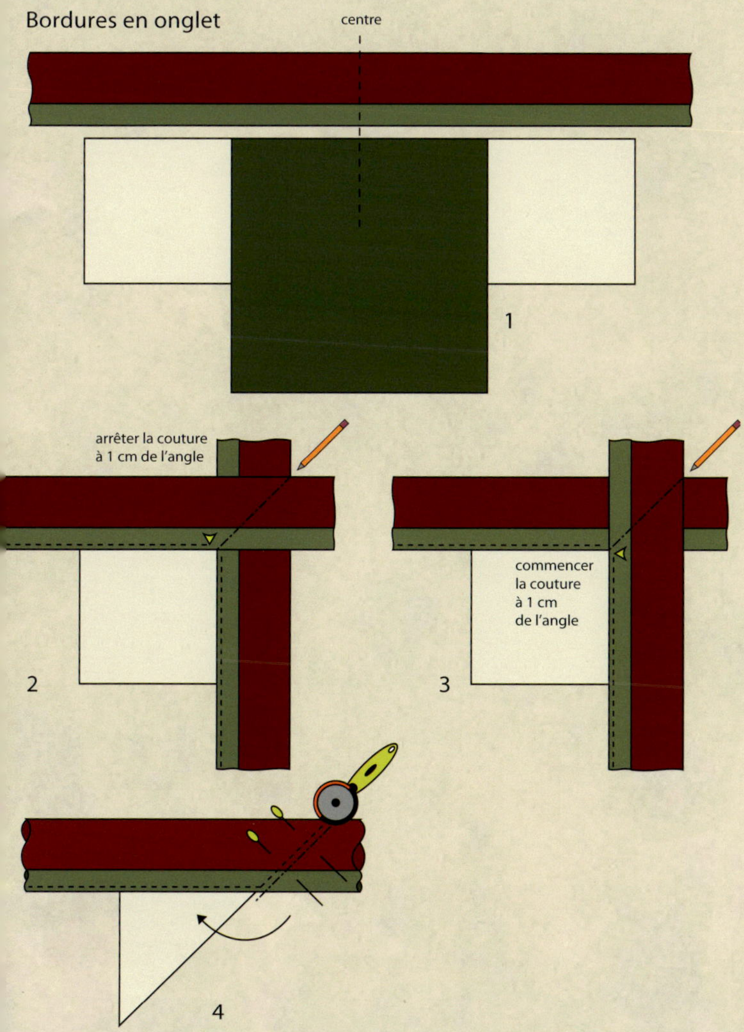

Avec les bordures l'une sur l'autre à angle droit comme sur le dessin, tracer la diagonale dans l'angle avec une règle et un crayon de papier.

Mettre la bordure qui se trouvait dessous par-dessus (la bordure avec le trait est maintenant dessous) et tracer à nouveau la diagonale. (Schéma 3)

Replier le top pour superposer les bordures, endroit contre endroit, en faisant correspondre les traits dans l'angle et coudre sur le trait puis arrêter la couture avec quelques points en arrière. Recouper l'excédent de tissu dans l'angle. (Schéma 4)

Procéder de la même façon dans les 4 angles.

Matelassage et finitions

★ « Sandwich »

Superposer la doublure, le molleton et le top, et bâtir les épaisseurs :
La doublure et le molleton doivent être 10 cm plus grands que le top.
Après avoir repassé le top et la doublure, étaler cette dernière envers vers soi. Déplier le molleton par-dessus, puis enfin le top, endroit vers soi. Toutes les épaisseurs doivent être centrées les unes sur les autres et sans plis.
Epingler les épaisseurs avant de les bâtir. Poser des épingles tous les 10 cm en rangées verticales et horizontales. Toujours commencer à bâtir en travaillant du milieu du quilt vers les bords.

★ Matelassage

Matelassage conseillé : à la main au point avant. Prendre plusieurs points sur l'aiguille pour qu'ils soient petits et alignés. S'inspirer de la photo du panneau pour réaliser le matelassage.

★ Bande de finition continue

Couper 7 bandes de 5 x 110 cm. Joindre les bandes bout à bout en biais en s'aidant du dessin. Utiliser cette bande pour terminer les bords du panneau.

Bordure de finition continue

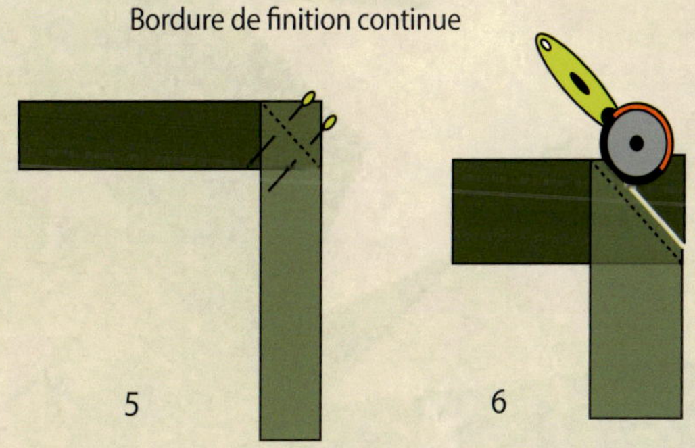

★ Finition du panneau
Coudre la bande de finition sur les bords du panneau avec une valeur de couture de 0,5 cm. Laisser 10 cm libre au début de la couture pour pouvoir raccorder les extrémités. Pour réaliser les angles en onglet, coudre jusqu'à 0,5 cm de l'angle et arrêter la couture par quelques points en arrière. Retirer le quilt de la machine et replier la bande pour former un angle à 45° (schéma 1), puis la replier vers le bas pour la coudre sur le bord suivant (schéma 2).
Procéder de cette façon tout le tour et arrêter à 20 cm du point de départ. Cela permet de joindre les 2 extrémités de la bande avec une couture en biais. Après avoir fait cette couture, finir de fixer la bande sur le bord du quilt. Rabattre la bande sur le dos du panneau et la coudre à points glissés (voir page 15).

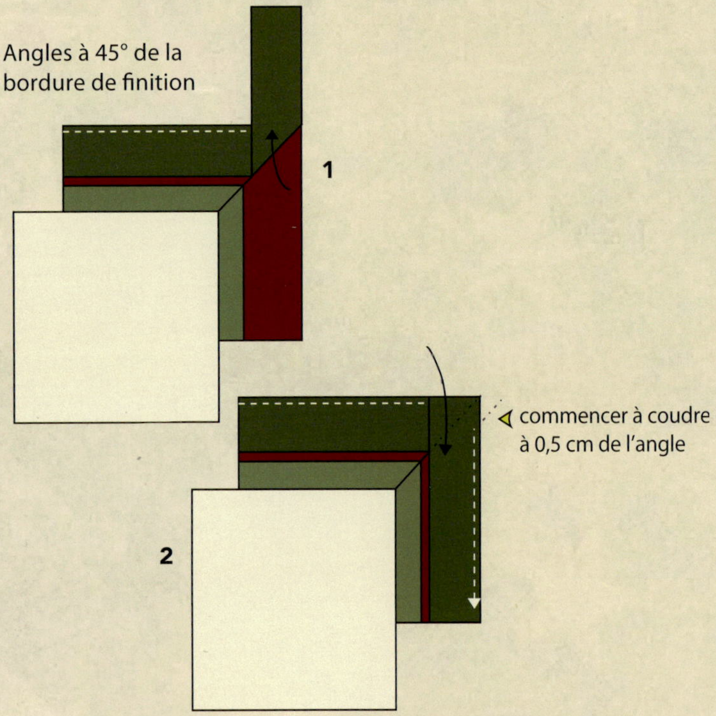

Derniers appliqués

Une fois les bordures posées, terminer l'appliqué des derniers motifs : les anges qui chantent dans les angles supérieurs et les feuilles de houx dans les angles inférieurs. Réaliser les gabarits pages 57 et 62 sur du Rhodoïd. Les anges sont appliqués avec la méthode du freezer paper mais auparavant, thermocoller les pieds et les mains sur le fond. Réaliser les cheveux avec quelques brins de mouliné crème.
Une fois les anges appliqués, broder la bouche, les yeux et les sourcils avec du mouliné noir.

Les feuilles de houx sont composées de 2 tissus verts différents et thermocollées. Finir les bords avec un point de feston.

Cartes de Noël

Cartes de Noël

D'Emmy van Ruitenbeek

Dimensions :
13 x 13 cm

Gabarits page 66

Les fournitures

★ bristol de différentes couleurs
★ colle pour photo
★ carton mousse
★ Rhodoïd
★ sélection de boutons
★ stylo « gel » blanc et noir
★ règle
★ cutter
★ colle liquide « Aleene's Tacky Glue » (Cette colle ne fait pas gondoler le bristol en séchant).

La marche à suivre

Bristol

Pour ces cartes, nous avons utilisé plusieurs carrés de bristol de différentes couleurs. La superposition de carrés de tailles différentes crée de fines bordures. Choisir les couleurs avec soin.
Couper le bristol avec un cutter et une règle.

Dimensions des cartes

Toutes les cartes ont les mêmes dimensions et peuvent être obtenues en pliant une feuille de bristol A4. Voir les dimensions suivantes :
Couche 1 (base de la carte) : 13 x 26 cm (plié en 2 pour obtenir une carte de 13 x 13 cm)
Couche 2 : 1 carré de 12 cm de côté
Couche 3 : 1 carré de 11 cm de côté
Couche 4 (sur le dessus) : 1 carré de 10 cm de côté

Ces pièces sont superposées et collées les unes aux autres.

Motifs

Les motifs pour les cartes peuvent être recopiés et découpés dans du papier pour servir de gabarits si on ne fait qu'une ou deux cartes. Si les gabarits sont utilisés de nombreuses fois, il est préférable de les préparer dans du Rhodoïd avec un feutre permanent et de les découper sur les traits avec des ciseaux.

Tracer le contour des gabarits sur le bristol de son choix et les découper. Donner du volume aux pièces en les mettant dans la paume de la main et en frottant l'envers avec soin. Faire la même chose avec l'épaisseur suivante (les bras). Intercaler du carton mousse entre les pièces.

Boutons

Décorer les cartes avec de nombreux boutons. Si les boutons ont un pied, le couper avec un coupe-ongles ou de vieux ciseaux pour pouvoir les coller. Il est recommandé d'utiliser la colle « Aleene's » qui colle bien sur le bristol et sur le plastique des boutons.

Ajouter des détails de finition avec les stylos « gel ». Dessiner ce que l'on veut puis laisser sécher. Avec le stylo blanc, repasser sur chaque ligne une fois sèche. Avec le stylo noir, 1 trait suffit.

Amusez-vous à créer ces cartes faciles !

Sara

De Rinske Stevens

Hauteur : 65 cm

Les dimensions et les gabarits (pages 64 et 65) sont donnés valeur de couture de 0,5 cm comprise sauf indication contraire.

Les fournitures

- ★ 50 x 110 cm de jersey de coton
- ★ 40 x 110 cm de tissu pour la robe
- ★ 30 x 110 cm de tissu pour la culotte
- ★ 60 x 15 cm de tissu pour les chaussures
- ★ 25 x 110 cm de tissu pour le tablier
- ★ fibres frisées spéciales pour cheveux de poupée
- ★ granulés de rembourrage
- ★ ouate de polyester
- ★ 100 cm de dentelle
- ★ 100 cm d'élastique rond
- ★ fil de lin pour les lacets
- ★ Velcro ou bouton pour le dos de la robe.

La marche à suivre

Lire toutes les explications avant de commencer la réalisation du modèle.

Coudre la bande de tissu pour les chaussures au bas du jersey de coton. Plier le tissu en 2, endroit contre endroit, et tracer le contour des jambes et des chaussures (bien placer le gabarit sur la couture) puis couper en ajoutant la valeur de couture. Coudre le contour de la jambe en laissant l'ouverture indiquée. Cranter la valeur de couture dans les arrondis et retourner sur l'endroit. Ne pas rembourrer.

Tracer les bras sur le jersey de coton plié en 2, coudre en laissant l'ouverture indiquée. Cranter la valeur de couture dans les arrondis et retourner sur l'endroit. Ne pas rembourrer.

Pour la tête/corps, coller le gabarit de la tête à celui du corps comme indiqué et tracer le gabarit entier sur le jersey de coton plié en 2. Découper à 1 cm à l'extérieur des traits. Indiquer l'emplacement des bras et des jambes.

Glisser les bras (pouces vers le haut) entre les 2 parties du corps et faire la même chose avec les assemblages jambes/chaussures. Rouler les membres sur eux-mêmes, les rentrer dans le corps. Coudre les 2 parties du corps sur le trait en prenant le haut des bras et des jambes dans la couture et en laissant l'ouverture sur la tête indiquée sur le gabarit. Retourner le corps sur l'endroit.

Rembourrer les jambes et les bras par les ouvertures jusqu'au trait indiqué sur le gabarit puis coudre sur le trait. Le haut des bras et des jambes n'est pas rembourré. Fermer les ouvertures à points glissés. (Voir page 15)

Verser 50-100 grammes de granulés de rembourrage dans le corps par l'ouverture de la tête puis finir de rembourrer le corps et la tête fermement avec de la ouate. Fermer l'ouverture de la tête à points glissés.

Culotte

Couper 2 fois le gabarit de la culotte en le posant sur le pli du tissu et ne pas oublier d'ajouter 2 cm au bas. Coudre la dentelle au bas du pantalon. Couper 2 longueurs de 12 cm d'élastique et les coudre sur l'envers des jambes de la culotte à l'endroit indiqué sur le gabarit : arrêter le début de la couture par quelques points arrière, tirer sur l'élastique et le coudre avec un point zigzag sur la longueur du tissu.

Le monde de Sara

Faire la couture intérieure de chaque jambe. Endroit contre endroit, glisser une jambe dans l'autre puis coudre l'entre-jambe. Retourner sur l'endroit. Couper une longueur de 18 cm d'élastique et le coudre en haut de la culotte de la même façon que celui au bas des jambes. Former l'ourlet au fur et à mesure. Enfiler la culotte sur la poupée.

Robe

Couper le devant et le dos de l'empiècement (couper le devant sur le pli du tissu et le dos en 2 parties) et les joindre aux épaules. Couper 2 manches de 12 x 16 cm dans le même tissu que l'empiècement. Faire un point de fronce autour des manches pour qu'elles s'adaptent dans les emmanchures puis coudre les manches à l'empiècement et pour finir, faire les coutures du dessous des manches et des côtés. Retourner sur l'endroit.
Couper 1 rectangle de 20 x 85 cm pour la jupe. Faire un point de fronce à la machine pour que la jupe s'adapte sur le bas de l'empiècement (les bords de l'empiècement dans le dos se chevauchent d'1 cm). Coudre la jupe sur le bas de l'empiècement. Coudre un bouton ou du velcro sur le dos de l'empiècement.

Tablier

Couper 1 rectangle de 8 x 30 cm de tissu. Coudre la dentelle, endroit contre endroit, au bas du tablier. Repasser la valeur de couture vers le haut puis surpiquer pour maintenir la dentelle en place. On peut aussi faire un ourlet au bas du tablier au lieu d'ajouter la dentelle. Faire un ourlet sur les 2 côtés.
Couper une bande de 6 x 85 cm pour la ceinture. Plier la bande en 2, envers contre envers, puis replier les bords bruts vers l'intérieur et surpiquer.
Froncer le haut du tablier à la machine pour qu'il mesure 18 cm et coudre la ceinture sur le haut du tablier, endroit contre endroit. Repasser puis surpiquer.

Finitions

★ Cheveux

Prendre 30 cm de fibres spécial cheveux. Avant de séparer un peu les fibres les unes des autres, recouper 3 brins de 10 cm chacun. Séparer les fibres de chaque brin en le maintenant au milieu. Faire une couture à la machine sur le milieu en travers des 3 brins côte à côte pour les maintenir ensemble en un seul brin. Coudre les cheveux sur la tête de la poupée. Tresser les cheveux ou faire des couettes de chaque côté. Déchirer une petite bande de tissu pour faire le nœud.

★ Visage

Couper le nez et faire un point de fronce tout autour. Commencer à froncer et insérer une pincée de ouate avant de froncer complètement. Coudre le nez sur le visage à l'endroit indiqué sur le gabarit. Dessiner les yeux, les taches de rousseurs et la bouche avec un feutre permanent pour tissu. Ajouter un peu de fard à joues sur les joues.

Chaussures

Couper 1 mètre de fil de lin et l'enfiler dans une grande aiguille puis commencer à passer les lacets dans les chaussures à partir du haut (suivre les numéros sur le gabarit) en laissant 20 cm de fil au début. Croiser sur le devant de la chaussure et repiquer l'aiguille dans le numéro 2. Croiser vers le numéro 3 (le fil est sur la chaussure) puis croiser à nouveau vers le numéro 4 (le fil est dans la chaussure) puis faire la même chose en remontant. Faire un nœud avec les 2 extrémités du fil et procéder de la même façon avec l'autre chaussure.

Faire le col de Sara avec un reste de dentelle ou enfiler un petit collier pour la décorer.

Fillettes de Noël

D'Emmy van Ruitenbeek

Hauteur : 50 cm

Les gabarits (pages 70 et 71) sont donnés valeur de couture comprise 0,5 cm sauf indication contraire.

Fournitures

- ★ 20 x 110 cm de tissu pour le corps
- ★ 20 x 110 cm de molleton
- ★ 20 x 110 cm de jersey de coton pour la tête et les bras
- ★ 30 x 110 cm de tissu à rayures pour les jambes
- ★ 10 x 50 cm de flanelle noire pour les chaussures
- ★ 75 cm de dentelle
- ★ cheveux bouclés pour poupée
- ★ feutre permanent 0.1 noir
- ★ fard à joues
- ★ granulés de rembourrage
- ★ ouate de rembourrage en polyester
- ★ perles noires de 4 mm de diamètre pour les yeux
- ★ fil de fer noir assez souple
- ★ pistolet à colle chaude

La marche à suivre

Gabarits

Découper les gabarits (coller les 2 parties du gabarit pour les jambes à l'endroit indiqué) sur le trait.

Assemblage

★ Jambes

Coudre la flanelle noire au bas du jersey de coton en faisant attention au sens de l'élasticité. Plier le tissu en 2, endroit contre endroit, et tracer le contour de la jambe et de la chaussure 2 fois. Coudre les jambes en laissant l'ouverture en haut et retourner sur l'endroit. Rembourrer jusqu'à 14 cm puis nouer chaque jambe à cet endroit.

★ Corps

Couper les pièces pour le corps dans le tissu et le molleton. Superposer chaque pièce de tissu sur 1 pièce de molleton et les coudre. Coudre le long des encoches indiquées sur le gabarit et recouper l'excédent de tissu. Couper le gabarit pour la tête 2 fois et coudre 1 tête à chaque pièce pour le corps, endroit contre endroit. Repasser la valeur de couture vers le corps.

Fixer les jambes sur l'endroit d'une des pièces pour le corps puis superposer les 2 pièces pour le corps, endroit contre endroit. Faire passer les jambes par l'ouverture dans le corps pendant la couture. Retourner le corps sur l'endroit en tirant sur les jambes. Verser 2 tasses de granulés dans le corps de la poupée (un entonnoir facilite les choses) puis finir de rembourrer avec de la ouate. Fermer l'ouverture à points glissés (voir page 15).

★ Bras

Tracer le bras 2 fois sur le jersey de coton en faisant attention au sens de l'élasticité (l'un des bras est inversé par rapport à l'autre). Indiquer l'endroit de la fente et coudre le contour des bras. Couper la fente sur l'arrière des bras et retourner sur l'endroit puis rembourrer fermement avant de fermer l'ouverture à points glissés.

★ Manches

Couper 2 manches et faire un ourlet au bas de chacune. Plier chaque manche en 2, endroit contre endroit et faire la couture. Faire un point avant en haut des manches et tirer sur le fil pour froncer complètement. Arrêter le fil solidement. Retourner les manches sur l'endroit et y glisser les bras. Faire un point de fronce au bas de manches (les mains sont visibles) et arrêter le fil solidement. Coller les bras sur le corps avec de la colle chaude.

★ Visage
Coudre les yeux en piquant l'aiguille à l'arrière du cou puis en ressortant au même endroit. Coller ou coudre la dentelle pour cacher la couture du cou et faire la même chose sur la couture entre les jambes et les pieds.

★ Cheveux
Couper 14 brins de cheveux de 30 cm de longueur et 14 brins de 5 cm pour la frange. Commencer par coller la frange sur la tête de la poupée puis coller les brins plus longs en recouvrant la base de la frange. Recouvrir complètement la tête avec les brins longs. Former 2 couettes et les attacher avec un ruban.

★ Cœur
Donner la forme de cœur au fil de fer à l'aide du gabarit. Dans le reste de tissu à rayures utilisé pour les jambes, envers contre envers, couper des bandes d'1,5 cm de largeur. Faire une première couture à 0,5 cm d'un bord puis une autre couture à 0,5 cm de la première. Recouper la bande à 0,5 cm de la seconde couture si nécessaire. Glisser le fil de fer entre les 2 coutures de la bande de tissu en s'assurant qu'elle est assez longue pour être froncée. Coller les extrémités du tissu et du cœur avec le pistolet à colle chaude.

Anges divins

De Rinske Stevens

Hauteur : 20 cm

Les gabarits (page 68) sont donnés valeur de couture non comprise.

Les fournitures

Pour 2 anges
- ★ 20 x 110 cm de tissu pour le corps
- ★ 10 x 110 cm de jersey de coton pour la tête et les mains
- ★ 10 x 110 cm de tissu de flanelle marron (ailes)
- ★ voile thermocollant double-face
- ★ 75 cm de dentelle
- ★ cheveux bouclés pour poupée
- ★ chutes de tissus pour les nœuds
- ★ feutre permanent à pointe fine 0.1
- ★ fard à joues
- ★ ouate de rembourrage en polyester
- ★ pistolet à colle chaude

La marche à suivre

Gabarits

Pour assembler plusieurs anges, préparer les gabarits dans du Rhodoïd (voir explications page 26 pour Sara).

Assemblage

Commencer par coudre la bande de jersey de coton sur le tissu pour le corps. Repasser la valeur de couture vers le corps. Plier le tissu en 2, endroit contre endroit, en superposant la couture exactement et dessiner le contour du gabarit en alignant le trait entre la tête et le corps sur la couture. Coudre tout autour sur le trait en laissant l'ouverture indiquée puis retourner sur l'endroit.

Dans les chutes du tissu corps/jersey, tracer et couper les bras/mains. Coudre tout le tour puis faire une petite fente sur l'arrière de chaque bras (s'assurer qu'un des bras est en miroir par rapport à l'autre) puis retourner sur l'endroit par la fente.

Le sapin de Noël

Repousser complètement les coutures du corps/tête et des bras vers l'extérieur avec un crayon ou une baguette. Rembourrer le corps fermement et fermer l'ouverture avec un point de fronce et un fil assorti. Pour ajouter un tuteur dans l'ange, l'insérer et mettre un point de colle sur le tuteur avant de froncer le tissu et d'arrêter le fil. Rembourrer les bras fermement. Comme ils sont collés sur le corps avec de la colle chaude, il n'est pas nécessaire de fermer la fente.

★ Cheveux

Entourer les cheveux frisés 6 fois autour de 4 doigts puis maintenir le milieu de cette boucle avec une bande de tissu d'environ 1 x 15 cm. Nouer le tissu et coller les cheveux sur la tête de la poupée avec de la colle chaude.

★ Ailes

Thermocoller le voile sur l'envers de la flanelle marron. Retirer le papier protecteur et poser un autre morceau de flanelle endroit vers soi sur le voile. Repasser pour thermocoller. Tracer les ailes avec le gabarit et couper sur le trait. Coller les ailes sur le dos de l'ange.

Finitions

Coller de la dentelle autour du cou de l'ange avec de la colle chaude en plaçant les extrémités derrière le cou. Faire la même chose avec les manches en commençant derrière la main. Coller les bras sur le corps de l'ange en s'aidant de la photo. Dessiner le visage avec le feutre permanent. Ajouter un peu de fard sur les joues avec un coton-tige.

Anges « boules de Noël »

Ces jolis anges « boules de Noël » sont faciles à assembler. Suivre les mêmes explications que pour les anges plus grands mais ne pas ajouter les bras, simplement les ailes dans le dos.

★ Cheveux

Pour ces petits anges, n'entourer les cheveux que 5 fois autour de 3 doigts.

Pour pouvoir les accrocher dans le sapin, ajouter une boucle sur le dos avant de coller les ailes : piquer une aiguille avec du fil de lin dans le dos de l'ange en laissant 4 cm au début et ressortir derrière la tête. Repiquer l'aiguille juste à côté dans la tête pour ressortir au point de départ. Nouer les extrémités du fil. La boucle se trouve derrière la tête de l'ange.

Mini bottes de Noël

D'Emmy van Ruitenbeek

Dimensions : 9 x 12 cm

Les gabarits (page 66) sont donnés valeur de couture non comprise.

Fournitures

Pour 1 botte
- ★ chute de tissu de 22 x 12 cm
- ★ 15 x 7 cm de flanelle blanche
- ★ 12 cm de ruban

La marche à suivre

Tracer le gabarit sur du Rhodoïd et le découper sur le trait.

Plier le tissu en 2, endroit contre endroit et placer le gabarit sur le pli. Couper en ajoutant 0,5 cm de valeur de couture. Placer la boucle en ruban à l'endroit indiqué.

Plier la bande de flanelle blanche en 2, envers contre envers et bords longs l'un sur l'autre et l'épingler sur l'endroit de la botte en alignant les bords bruts et en prenant la base de la boucle de ruban entre les deux. Coudre puis repasser la valeur de couture vers la botte.

Plier la botte endroit contre endroit et coudre le contour. Retourner sur l'endroit.

Gros bonshommes de neige

De Rinske Stevens

Hauteur : 20 cm

Les dimensions et les gabarits (page 69) sont donnés valeur de couture comprise.

Fournitures

Pour 2 bonshommes de neige
- ★ 10 x 110 cm de tissu pour le corps
- ★ 14 x 110 cm de flanelle blanche pour la tête et les mains
- ★ 6 x 35 cm de tissu pour l'écharpe
- ★ boutons en forme de carotte pour le nez
- ★ feutre permanent noir 0.1
- ★ fard à joues
- ★ ouate de rembourrage
- ★ pistolet à colle chaude

La marche à suivre

Gabarits

Pour faire plusieurs bonshommes de neige, il est préférable de tracer les gabarits sur du Rhodoïd avec le feutre permanent. Les découper sur le traits.

Corps

Tout d'abord, coudre une bande de 6,5 cm de largeur de flanelle blanche sur le bord du tissu pour le corps. Repasser la valeur de couture vers le tissu du corps. Coudre une autre bande de flanelle blanche de 7,5 cm de largeur sur le bas du tissu pour le corps.

Plier le tissu en 2, endroit contre endroit, en prenant soin de superposer les coutures exactement.

Dessiner le contour du gabarit en alignant les lignes du gabarit sur les coutures. Coudre tout autour en laissant l'ouverture indiquée et découper.

Bras

Utiliser le reste des tissus assemblés pour le corps pour préparer les bras. Coudre tout le tour. Dans l'arrière du bras, faire une petite fente pour retourner le bras sur l'endroit. Ne pas oublier de retourner le gabarit pour faire le second bras. Cranter la valeur de couture.

Assemblage

Retourner le corps et les bras sur l'endroit et bien repousser les coutures avec une baguette. Rembourrer la tête et le corps fermement puis fermer l'ouverture à points glissés avec un fil assorti. Si on désire ajouter un tuteur, le glisser dans le corps et le maintenir avec un point de colle chaude avant de fermer l'ouverture. Rembourrer légèrement les bras et les coller sur le corps. Il n'est pas nécessaire de fermer les ouvertures.

Finitions

Coller le bouton en carotte sur le visage. Dessiner les yeux avec le feutre permanent. Ajouter un peu de fard à joues sur les joues avec un coton-tige.

Nouer la bande de tissu autour du cou du bonhomme de neige et effranger les extrémités.

Maison en pain d'épices

De Rinske Stevens, embellissements par Emmy van Ruitenbeek

Dimensions : 24,5 x 18 x 23 cm

Fournitures

- ★ carton de 3 mm d'épaisseur
- ★ carton d'1 mm d'épaisseur
- ★ cutter
- ★ règle et crayon de papier
- ★ ruban adhésif d'architecte
- ★ colle spécial reliure
- ★ pinceau et petit rouleau
- ★ 75 x 110 cm de flanelle marron
- ★ 30 x 110 cm de tissu fleuri pour l'intérieur
- ★ colle pour tissu « Aleene's tacky glue »
- ★ fil à tricoter blanc gaufré
- ★ boutons assortis

La marche à suivre

Préparation

Couper les pièces suivantes dans le carton de 3 mm d'épaisseur :

- 1 rectangle **A** de 24, 4 x 18 cm pour le fond de la maison
- 2 pièces **B** de 18 x 14,4 x 22,9 cm pour les côtés de la maison (gabarit page 79)
- 2 rectangles **C** de 25 x 14,1 cm pour le devant et le dos
- 2 pièces **D** de 17,9 x 13,4 x 22 cm pour les côtés intérieurs (gabarit page 79)
- 2 rectangles **E** de 23,5 x 13,4 cm pour le devant et le dos intérieurs
- 2 rectangles **F** de 29 x 16 cm pour l'extérieur du toit
- 2 rectangles **G** de 24,2 x 12 cm pour l'intérieur du toit

Couper les pièces suivantes dans le carton d'1 mm d'épaisseur :

- 1 rectangle **H** de 30 x 18,6 cm pour l'extérieur du fond
- 1 rectangle **I** de 24,3 x 17,9 cm pour l'intérieur du fond.

Assemblage des pièces

Une fois que toutes les pièces sont préparées, passer à l'assemblage.

Avec le pinceau, passer de la colle sur un bord court de la pièce **A** puis en s'aidant du dessin poser le bord de la pièce **B** sur le bord encollé en prenant soin de les aligner exactement.

Maintenir les 2 pièces avec du ruban adhésif.

Passer de la colle sur un bord long de **A** et un bord court de **B** et ajouter la pièce **C**. La pièce **C** est de 3 mm plus longue sur le côté ouvert (autre bord court).

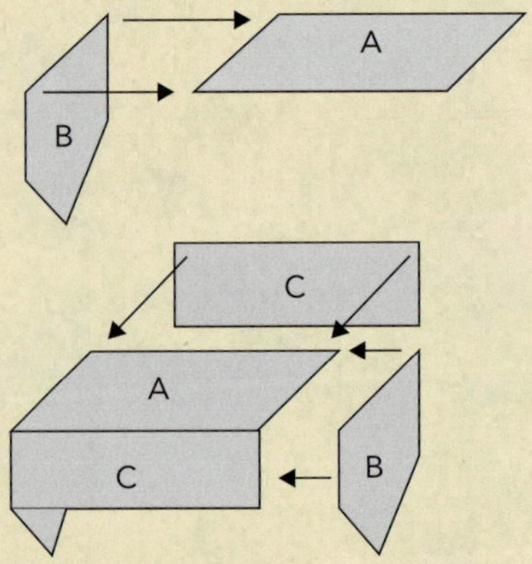

Passer maintenant de la colle sur la partie de **C** qui dépasse et sur le second bord court de **A** et poser la seconde pièce **B**, qui devrait s'encastrer parfaitement. Pour finir, ajouter l'autre pièce **C**. (**Voir dessin**). Maintenir le tout avec du ruban adhésif et laisser sécher.

Senteurs d'épices

Habillage des pièces

Pendant ce temps, commencer à assembler les pièces intérieures.

PLAN DE COUPE

Les zones grisées correspondent aux pièces en carton

Tissu fleuri (intérieur) - 30 x 110 cm

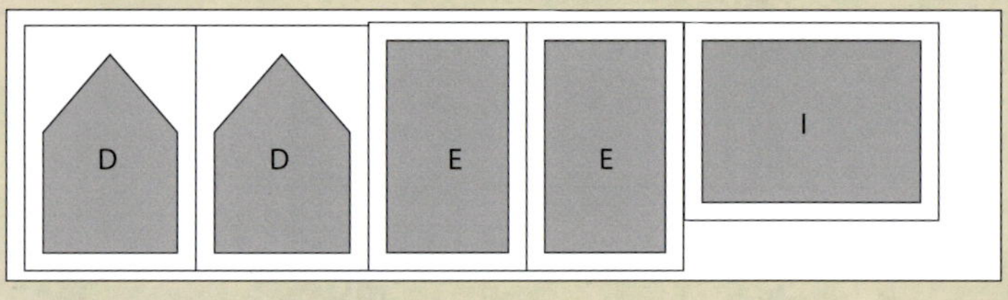

Flanelle marron (extérieur) - 80 x 110 cm

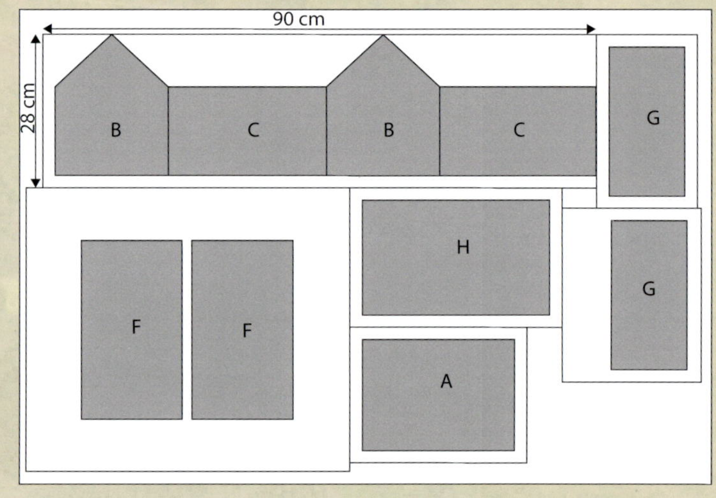

Les côtés intérieurs (**D**), le devant et le dos (**E**) de la maison sont coupés dans le tissu fleuri. Coller les pièces en carton sur ce tissu en laissant 2 cm de marge. Couper le tissu le long du carton sur les côtés des pièces. La marge sur les bords du haut et du bas de ces pièces sera rabattue et collée sur le dos des pièces. Les mettre de côté pour le moment. Voir les dessins ci-dessous.

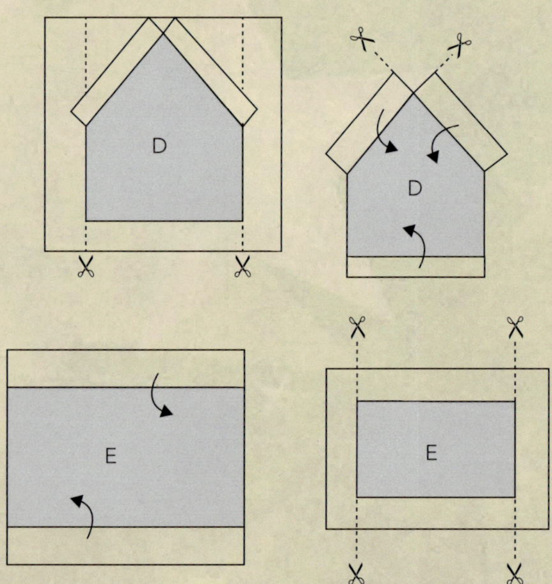

Retirer avec soin le ruban adhésif qui maintenait la maison pendant le séchage. Couper un morceau de flanelle de 28 x 90 cm. Commencer à la coller sur une des faces de la maison en laissant une marge d'1 cm à l'angle (bord court) et de 2 cm dans le bas, avec l'excédent de tissu vers le haut. Continuer à coller le tissu sur le côté et l'autre face. Avant de coller le dernier côté, replier 1 cm sur le bord court du tissu et maintenir le pli avec de la colle puis coller le tissu sur le dernier côté. (Voir schéma sur plan de coupe flanelle, ci-contre)

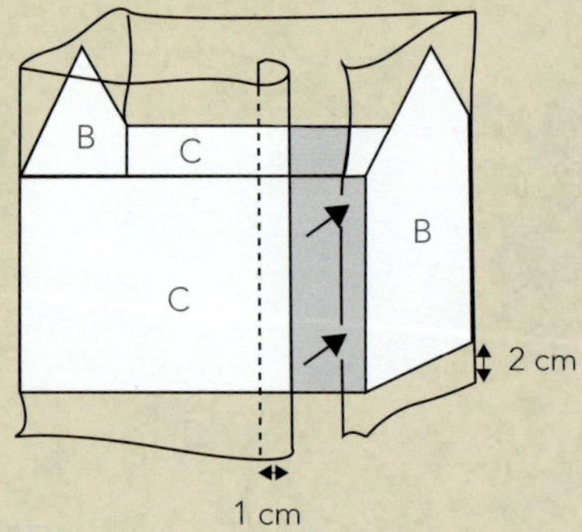

Avec précaution, faire une coupe verticale dans le tissu jusqu'aux 8 angles de la maison. Faire ensuite 4 entailles horizontales de 3 mm dans l'excédent de tissu en haut de la maison, exactement à 3 mm au dessus des angles du haut (voir dessin). Cela permettra de coller le tissu plus facilement dans les angles. Rabattre ensuite les marges vers l'intérieur de la maison et les coller en suivant l'ordre indiqué sur le dessin.

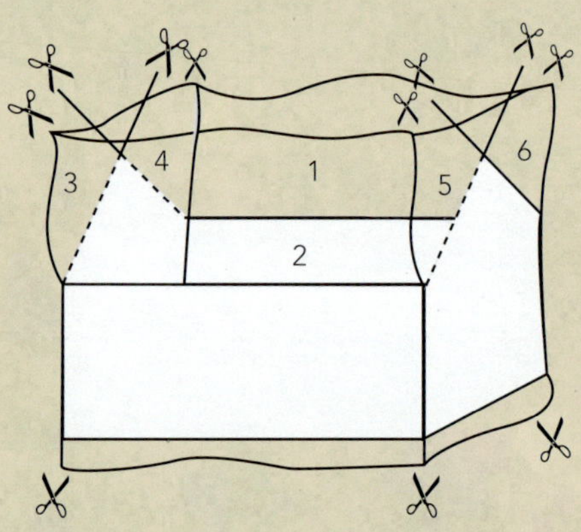

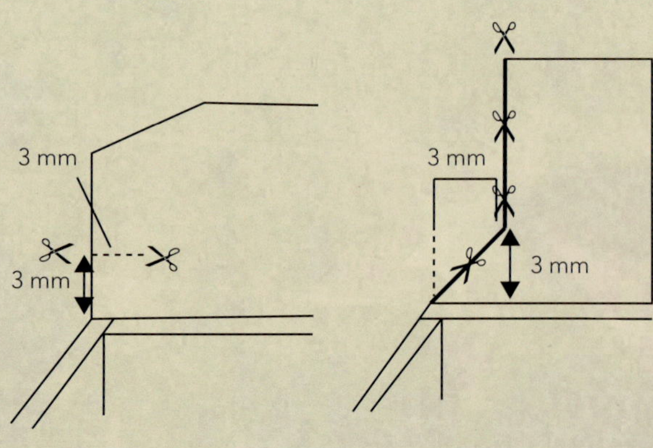

Coller ensuite les marges du bas autour de la base de la boite en travaillant sur 2 bords opposés. Evider un triangle dans chaque angle des 2 marges restantes jusqu' au niveau du carton puis coller ces 2 marges sur le dessous de la base.

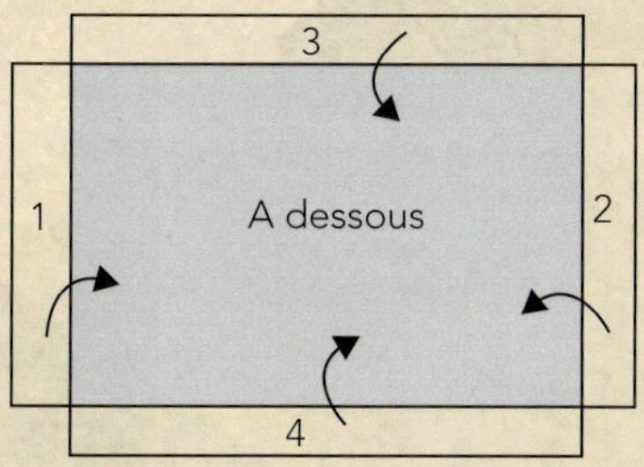

Coller les pièces **F** (extérieur du toit) sur la flanelle marron en laissant 8 cm de marge tout autour et laissant 8 mm entre les pièces. Voir dessin.

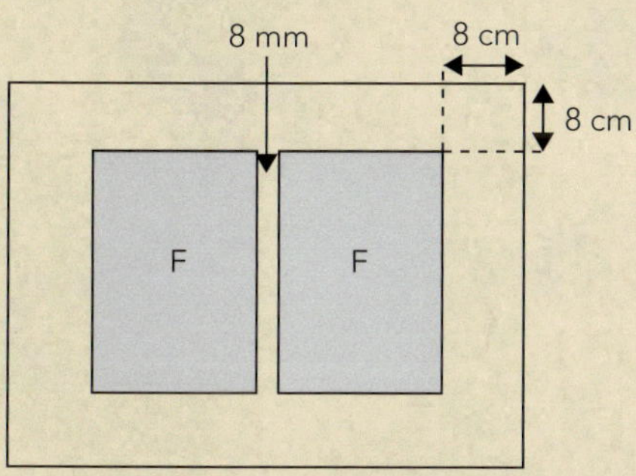

Recouper un angle droit dans chaque angle du tissu.
Passer de la colle le long des bords inférieurs et supérieurs et rabattre le tissu en haut, y compris dans l'espace entre les cartons. Utiliser l'ongle ou la partie arrondie des ciseaux pour presser le tissu jusque dans les angles et éviter de le tacher. Procéder de cette façon pour coller le tissu tout le long du haut puis faire la même chose dans le bas.
Recouper ensuite un triangle dans les angles des marges restantes en laissant 2 mm droit pour recouvrir le bord du carton puis rabattre les 2 marges restantes.

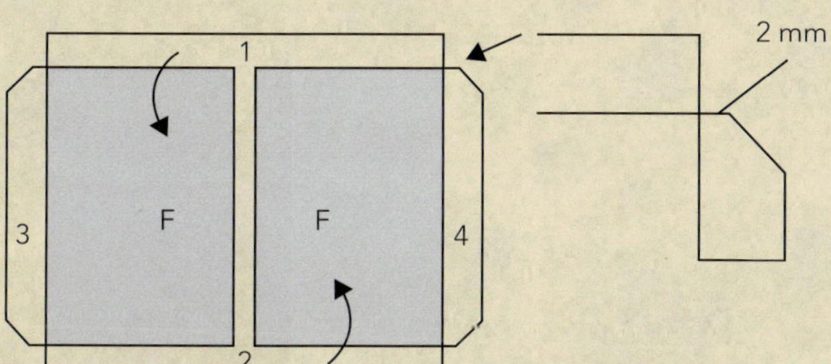

Coller les pièces **G** (intérieur du toit) sur la flanelle en laissant 2 cm de marge tout autour. Laisser 6 cm de marge sur un bord long d'une des pièces **G**. Découper le tissu en s'aidant du dessin, Rabattre et coller les marges sur 2 bords opposés. Recouper un triangle dans chaque angle des 2 marges restantes en laissant 3 mm droit puis rabattre et coller ces marges sur les pièces **G**. Attention, la marge de 6 cm n'est pas collée à ce stade, la laisser telle quelle.

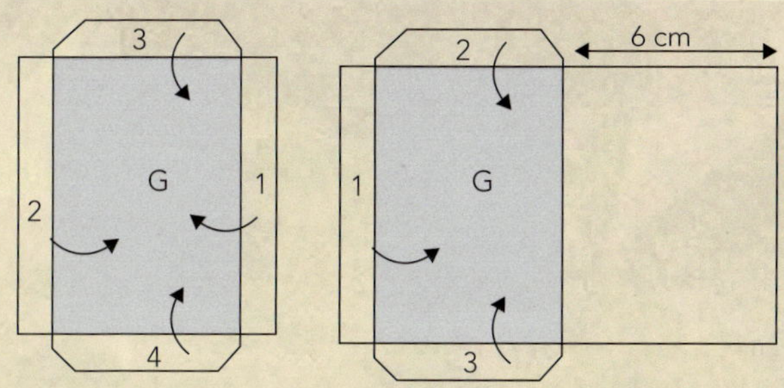

Coller la pièce **I** sur le tissu fleuri en laissant 2 cm de marge tout autour. Couper les angles en s'aidant du dessin. Coller le tissu sur les 2 bords longs, puis recouper un triangle dans chaque angle en laissant 2 mm droit. Coller les 2 derniers bords.

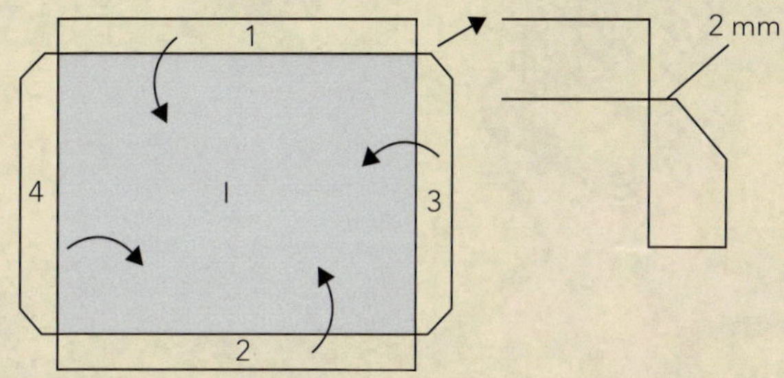

Les panneaux intérieurs sont prêts à être collés dans la maison. Coller la pièce **I** au fond de la maison en la pressant bien dans les angles. Coller ensuite les pièces **D** sur le côté droit et gauche puis le devant et le derrière **E**. Maintenir les pièces avec du ruban adhésif pendant que la colle sèche (environ 5 minutes).
Coller la pièce **H** sur la flanelle en laissant 2 cm de marge de chaque côté. Recouper les angles comme indiqué sur le dessin puis rabattre et coller les marges des 2 bords longs. Recouper un triangle dans chaque angle en laissant 2 mm droit puis coller les 2 marges courtes sur **H**. Coller la base extérieure terminée sur le fond de la maison. Voir dessin.

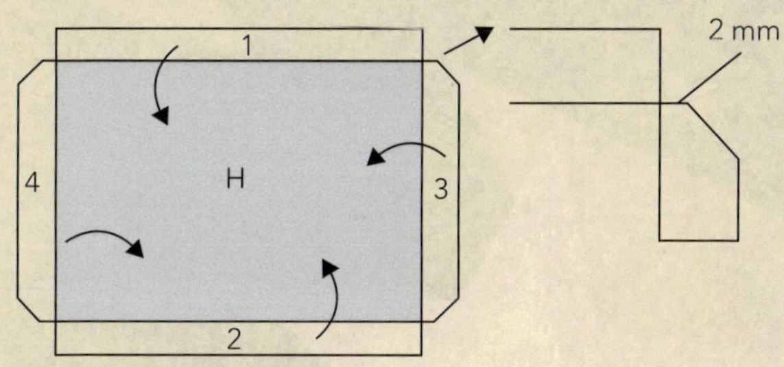

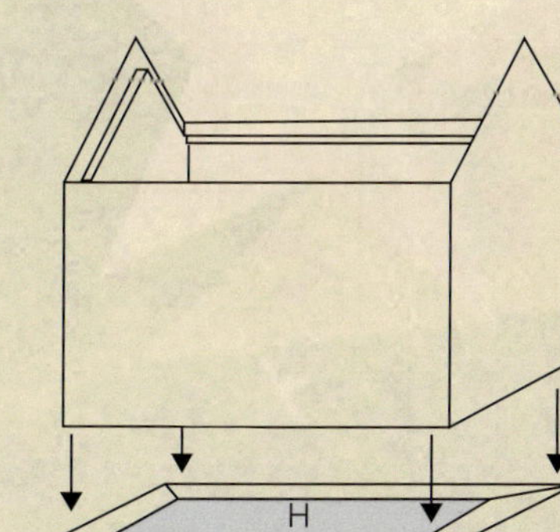

Retirer le ruban adhésif. Coller l'intérieur du toit (**G**) avec la marge de 6 cm entre les côtés **B**, avec la face tissu vers le bas et maintenir avec du ruban adhésif. Laisser sécher au moins 15 minutes.

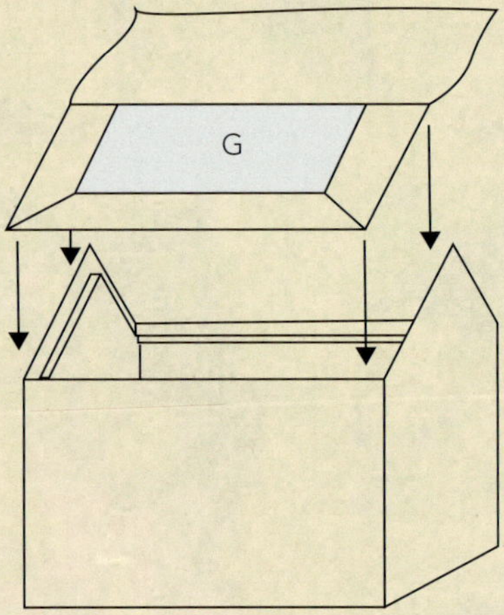

Retirer le ruban adhésif et passer de la colle sur la partie extérieure de **G**. Coller l'extérieur du toit par-dessus. S'assurer que le toit soit centré sur la maison. Laisser sécher. Ensuite, soulever avec soin le devant du toit et le replier vers l'arrière. Prendre soin que le toit ne se décolle pas. La marge de 6 cm à l'intérieur du toit peut maintenant être collée sur l'envers de la partie extérieure du devant du toit. Bien coller dans la pliure.

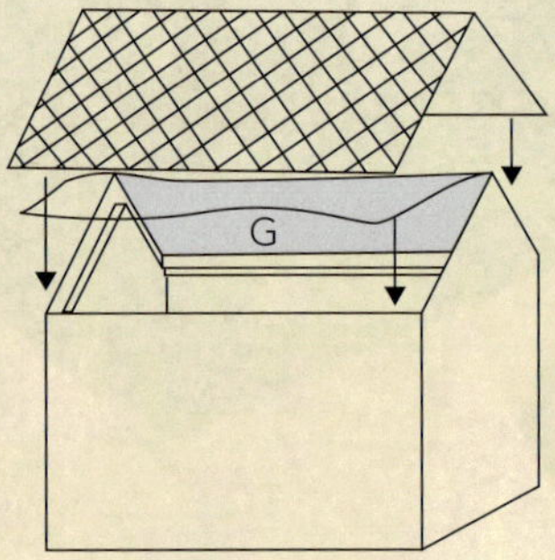

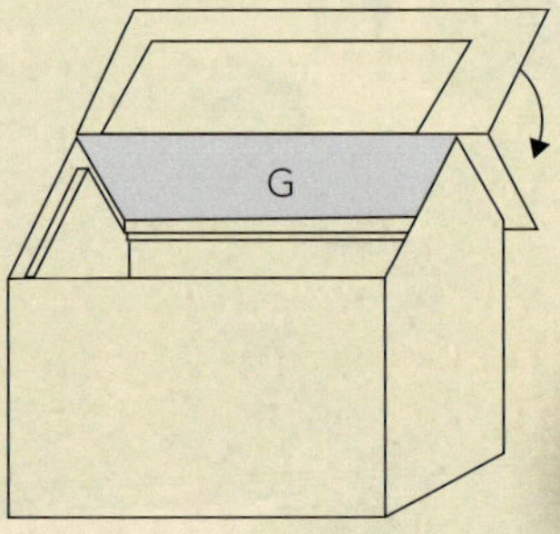

Placer la dernière pièce **G** pour l'intérieur du toit (partie recouverte de tissu vers l'intérieur de la maison) sur l'intérieur du devant de la maison. Encoller le dos de la pièce **G**, refermer le toit par-dessus. Bien appuyer. Ceci permet de positionner la pièce **G** exactement.

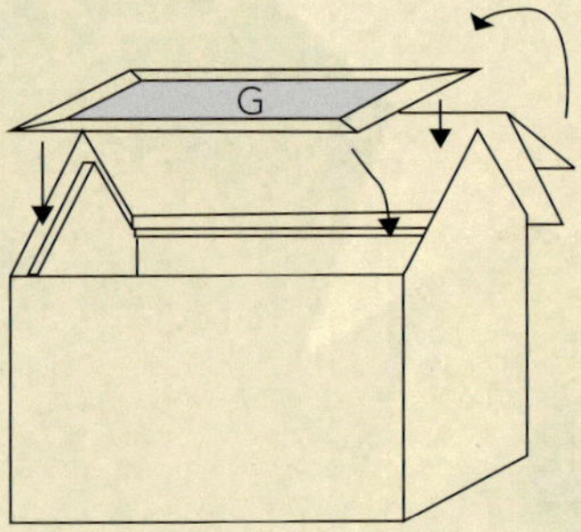

Poser la maison avec le toit ouvert sur la table de travail et mettre un poids sur la dernière partie collée pour la laisser sécher.

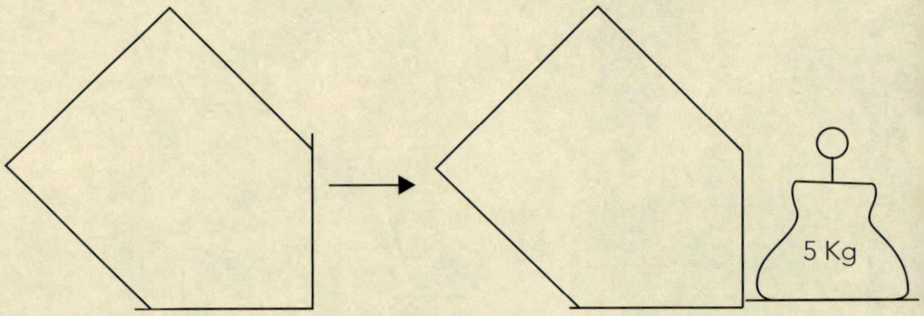

Décorer la maison à son gré. Sur le modèle, le « glaçage » est fait avec du fil à tricoter gaufré blanc. S'inspirer des gabarits pour les fenêtres et la porte. Prendre soin en passant la colle de ne pas tacher le tissu. Pour le glaçage sur le toit, dessiner des lignes en croisillons pour former des carrés d'environ 3 cm de côté (voir page 78).

Essuie-mains appliqués

De Rinske Stevens

Les gabarits page 67 sont données valeur de couture non comprise.

Fournitures

★ essuie-mains en coton
★ chutes de flanelle marron et de tissu crème à pois
★ dentelle
★ gros grain
★ voile thermocollant double face

La marche à suivre

Assemblage

Méthode d'appliqué thermocollé
Voir page 9 pour cette méthode et page 11 pour réaliser le point de feston.

Pour la bonne femme, surpiquer de la dentelle pour les bretelles et au bas de la jupe. Pour le bonhomme, utiliser des morceaux de gros-grain pour les bretelles.

Finitions

Avec du fil crème et un point de bourdon machine, ajouter le « glaçage » sur les personnages. Ces broderies peuvent aussi être faites à la main (voir page 14).

Personnages en pain d'épices

De Rinske Stevens

Hauteur : 18 cm

Les dimensions sont données valeur de couture comprise, les gabarits (page 67) valeur de couture non comprise.

Fournitures

Pour réaliser 4 personnages
- ★ 20 x 110 cm de flanelle marron
- ★ 10 x 110 cm de tissu beige à pois bruns
- ★ 30 x 110 cm de ruban de coton crème
- ★ 30 cm de dentelle
- ★ 8 petits boutons crème
- ★ 8 mini- boutons noirs
- ★ 8 boutons rouges en forme de cœur
- ★ laine crème ondulée
- ★ ouate de rembourrage
- ★ papier ou Rhodoïd et feutre permanent
- ★ colle pour tissu « Aleene's Tacky Glue »

La marche à suivre

Gabarits

Tracer les gabarits sur du papier (ou sur du Rhodoïd pour faire plusieurs personnages) avec le feutre permanent et le découper sur les traits.

Plier la flanelle en 2, endroit contre endroit, et dessiner le contour du gabarit 4 fois, en imbriquant les pièces de façon à ce qu'elles logent toutes sur le tissu.

Assemblage

Coudre le contour de chaque pièce sur le trait en laissant l'ouverture indiquée. Découper en laissant 0,5 cm de valeur de couture. Cranter la valeur de couture dans les arrondis, entre les jambes et sous les bras puis retourner sur l'endroit.

Avec une baguette, repousser les bras, les jambes et la tête complètement vers l'extérieur. Rembourrer fermement en commençant par les bras et les jambes puis en terminant avec la tête et le corps. Fermer l'ouverture à points glissés avec du fil assorti.
Coller les détails en laine ondulée (glaçage) avec de la colle pour tissu en s'aidant de la photo et en prenant soin de ne pas tacher le tissu avec la colle. Coller également les boutons pour les yeux et les joues.

Tablier

Couper 1 rectangle de 10 x 20 cm dans le tissu crème à pois. Poser 20 cm de dentelle, endroit contre endroit, sur un bord du tissu et coudre. Ouvrir et repasser. Surpiquer le bord de la dentelle pour la maintenir.

Faire un ourlet de 0,5 cm sur les 2 côtés et froncer le haut du tablier à la main ou à la machine pour que la taille mesure 8 cm. Centrer le ruban de 30 cm sur l'endroit du bord froncé et coudre avec un point zigzag.
Attacher le tablier sur la bonne femme en pain d'épices. Couper 2 longueurs de dentelle de 10 cm pour les bretelles, les ajuster sur la poupée et les coller ou les coudre.
Pour terminer, coller un bouton « houx » sur le tablier.

Pantalon

Couper le gabarit pour le pantalon 2 fois. Plier chaque jambe en 2, endroit contre endroit et faire la couture de côté. Retourner une jambe sur l'endroit et la glisser dans l'autre, endroit contre endroit pour faire les coutures d'entre-jambe.

Retourner un ourlet de 0,5 cm à taille et le maintenir à la main. Replier le bas des jambes 2 ou 3 fois vers l'extérieur. Recouper les fils effilochés si nécessaire.
Enfiler le pantalon sur la poupée et mesurer le galon pour les bretelles. Les coller ou les coudre. Coller 2 boutons « houx » au bas des bretelles sur le devant.

Le Noël de Sara

De Rinske Stevens

Dimensions :

30 x 35 cm

Les dimensions et les gabarits (page 75) sont données valeur de couture comprise.

Fournitures

- ★ 19 x 25,5 cm de flanelle crème pour le fond du motif appliqué
- ★ 2 rectangles de 6 x 25,5 cm de flanelle à carreaux pour les côtés du bloc
- ★ 1 rectangle de 6,5 x 29 cm et 1 rectangle de 3 x 29 cm de flanelle rouge respectivement pour le haut et le bas du bloc
- ★ voile thermocollant double-face
- ★ 35 x 35 cm de tissu de doublure
- ★ 35 x 35 cm de molleton
- ★ 30 cm de dentelle
- ★ chutes de différents tissus pour le motif appliqué
- ★ chutes de jersey de coton pour les mains et le visage
- ★ fil à matelasser crème
- ★ cheveux frisés pour poupée marron foncé
- ★ petite couronne de branches de 2,5 cm de diamètre
- ★ ouate

La marche à suivre

Assemblage

Coudre les bordures à carreaux à droite et à gauche du rectangle de flanelle crème puis ajouter les rectangles de flanelle rouge en haut et en bas de l'assemblage précédent.

Sara

Tracer les pièces du motif appliqué (tête, chemisier, culotte et chaussures) sur le papier protecteur du voile thermocollant. Découper en dehors des traits et thermocoller sur l'envers des tissus correspondants. Découper sur les traits et mettre ces pièces de côté.

Dessiner les mains 2 fois sur le jersey de coton plié en 2. Coudre en laissant le haut des mains ouvert. Retourner sur l'endroit et mettre de côté.

Couper le tablier dans un tissu à carreaux et le bas du tablier dans un tissu rouge à carreaux. Plier cette bande exactement en 2, repasser. Poser la bande pliée sur l'endroit du bas du tablier et coudre la dentelle en prenant les bords des 2 tissus.
Froncer le haut du tablier sur environ 5-6 cm et le mesurer pour qu'il soit de la même largeur que le bas du chemisier appliqué.

Une fois toutes les pièces préparées, enlever le papier protecteur des pièces avec le voile. Poser le chemisier sur le fond, puis la tête par-dessus (le cou et l'encolure du chemisier se chevauchent de quelques millimètres). Poser les mains en soulevant le bas des manches. Poser la culotte et les chaussures sur le fond en s'assurant que le tablier recouvrira complètement l'espace entre le bas du chemisier et le haut de la culotte. Une fois le motif en place, thermocoller les pièces. Broder un point de feston à la machine sur le contour des pièces appliquées avec un fil assorti.

Avant d'appliquer le tablier avec un point de feston, replier 0,5 cm sur le bord de droite et de gauche. Le bas du tablier reste libre.

Coudre de la dentelle entre les chaussures et la culotte.

Christmas

Le Noël de Sara

Couper le nez dans le jersey de coton. Faire un point de fronce tout autour puis tirer pour froncer. Avant de froncer complètement, ajouter une pincée de ouate de rembourrage. Coudre le nez sur le visage.

Pour les cheveux, couper 10 brins de 14 cm de longueur de cheveux pour poupée. Attacher les 10 brins sur le milieu avec un autre brin de cheveux et les fixer sur la tête par quelques points. Utiliser des chutes de tissus pour faire les nœuds dans les cheveux.

Dessiner le visage avec un feutre pour tissu. Ajouter des taches de rousseur et un peu de fard à joues sur les joues pour leur donner des couleurs.

Faire un petit nœud autour de la couronne de branches avec une bande de tissu rouge puis la fixer dans les mains.

Broder le mot « Christmas » en haut du panneau au point arrière.

Finitions

Superposer le tissu de doublure, le molleton et le top et matelasser autour du motif appliqué et le long des coutures.

Utiliser une bande de tissu de 5 cm de largeur pour finir les bords du panneau.
Coudre le reste de la bande sur le dos du panneau, au bas de la bande de finition, pour former un manchon et l'enfiler sur le support en métal.

Bonhomme de neige

Suspension de porte « bonhomme de neige »

De Rinske Stevens

Hauteur : 95 cm sans les pieds

Les dimensions et les gabarits (pages 76 et 77) sont donnés valeur de couture de 0,5 cm comprise.

Fournitures

- ★ 80 x 140 cm de molleton pour le bonhomme de neige
- ★ 80 x 140 cm de flanelle blanche pour le bonhomme de neige
- ★ 60 x 75 cm flanelle à carreaux pour l'extérieur du manteau
- ★ 60 x 75 cm de flanelle rouge pour l'intérieur du manteau
- ★ 50 x 50 cm de flanelle verte pour les gants, les couvre-oreilles et le cache-col
- ★ chute de flanelle orange pour le nez
- ★ 2 perles noires de 12 mm pour les yeux
- ★ 5 boutons en bois (ventre)
- ★ peinture noire
- ★ granulés de rembourrage
- ★ ouate de rembourrage
- ★ élastique plat de 4 mm de largeur
- ★ ficelle
- ★ fil de lin (lacets)
- ★ feutre permanent noir
- ★ fil de fer (couvre-oreilles)
- ★ tuteur (dos du bonhomme de neige)
- ★ pistolet à colle chaude
- ★ fil à coudre

La marche à suivre

Chaussures

Plier le tissu en 2 et poser le gabarit des chaussures sur le pli, le tracer et le découper 2 fois. Coudre sur le trait en laissant le haut ouvert. Cranter la valeur de couture dans les arrondis avant de retourner sur l'endroit. Remplir chaque chaussure avec 2 tasses de granulés puis finir de remplir avec de la ouate. Fermer l'ouverture des chaussures à points glissés. Faire les lacets avec le fil de lin.

Bonhomme de neige

Préparer les gabarits. Maintenir les pièces ensemble avec du ruban adhésif. Tracer puis couper les pièces dans le tissu et le molleton. Coudre les bras en flanelle sur le corps en flanelle et faire la même chose avec les pièces de molleton. Surpiquer le haut des bras pour les maintenir à plat.

Tuteur

Couper une bande de flanelle de 55 x 7 cm pour faire un manchon dans lequel sera glissé le tuteur. Plier la bande en 2 pour former un tube et coudre avec 1 cm de valeur de couture. Poser le côté du manchon avec la couture contre l'endroit du dos du bonhomme de neige et surpiquer les 2 côtés longs et le côté court du haut. Glisser le tuteur dans le manchon et fermer le bas du manchon à points glissés. Former une boucle en ficelle et la fixer solidement sur le haut du manchon avec le tuteur pour pouvoir suspendre le bonhomme de neige.

Assemblage du bonhomme de neige

Superposer les 2 parties du corps, endroit contre endroit, et poser les pièces en molleton sur l'envers de chaque partie en flanelle. Glisser les chaussures entre les parties du corps aux endroits indiqués sur le gabarit (avec la pointe des pieds vers le devant) et les épingler. Coudre le contour du corps en laissant l'ouverture indiquée. Avant de retourner sur l'endroit, recouper l'excédent de molleton si nécessaire.

Rembourrer légèrement la tête puis coudre au niveau du cou pour maintenir le rembourrage. Egalement rembourrer légèrement les bras. Ne pas encore fermer l'ouverture du bonhomme de neige mais attendre de lui mettre son manteau.

Manteau

Plier la flanelle pour l'extérieur du manteau et celle pour la doublure en 2, endroit contre endroit. Dans chacune, couper le dos (sur le pli du tissu) et le devant. Couper la poche 2 fois dans chacun de ces 2 tissus. Coudre l'extérieur et la doublure de chaque poche, endroit contre endroit, en laissant une ouverture. Retourner sur l'endroit, fermer l'ouverture puis replier 2,5 cm sur le haut de la poche pour que la doublure soit visible sur l'endroit. Poser les poches sur les devants du manteau et les surpiquer.

Superposer les devants du manteau sur le dos, endroit contre endroit et coudre les dessus d'épaule et les côtés. Faire la même chose avec la doublure. Superposer l'extérieur du manteau et la doublure, endroit contre endroit, et coudre le long des devants et du bas (l'encolure reste ouverte). Retourner le manteau sur l'endroit par l'encolure.

Couper le col et superposer les pièces, endroit contre endroit, pour les coudre en laissant le bas ouvert. Le retourner sur l'endroit. Poser le col sur l'extérieur du manteau en alignant les bords bruts. Coudre le col. Replier le bord de l'encolure de la doublure et la coudre sur le col. Replier 0,5 cm au bas des manches et de leur doublure et coudre à points glissés.

Gants
Couper le gabarit 2 fois dans le tissu plié en 2 et coudre, endroit contre endroit, en laissant le haut ouvert. Former une coulisse pour l'élastique sur le haut. Retourner les pièces sur l'endroit et les rembourrer légèrement. Passer l'élastique dans la coulisse. Coller le bout de la ficelle dans le haut de chaque gant avec un peu de colle chaude. Tirer sur l'élastique de chaque gant pour le fermer et le fixer par quelques points puis passer la ficelle des gants dans les manches du manteau en s'aidant de la photo.

Boutons sur le ventre
Peindre les boutons en noir. Passer le fil de lin dans les boutons et faire des nœuds. Les boutons seront collés sur le bonhomme de neige en fin d'assemblage.

Nez
Couper le nez et le plier en 2, endroit contre endroit. Le coudre en laissant l'ouverture. Retourner sur l'endroit et rembourrer. Fermer l'ouverture solidement. Le nez sera collé sur le bonhomme de neige en fin d'assemblage.

Cache-oreilles
Découper les pièces dans le tissu et passer un fil de fronce sur le contour de chaque cercle. Commencer à froncer puis ajouter de la ouate avant de froncer complètement. Arrêter le fil solidement. Prendre un morceau de fil de fer assez long pour passer sur la tête et fixer chaque extrémité du fil de fer sur l'envers des cache-oreilles. Les coller sur la tête.

Cache-col
Couper une bande de 15 x 110 cm dans du tissu et la plier en 2 sur la longueur, endroit contre endroit. Mesurer 6,5 cm sur un bord long à partir de chaque extrémité et tracer une ligne diagonale.

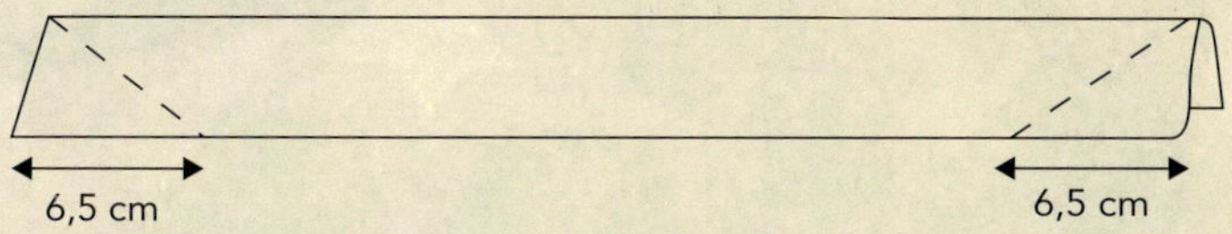

Coudre en laissant une ouverture et recouper l'excédent de tissu. Retourner sur l'endroit et fermer l'ouverture. Décorer avec un point fantaisie si on le désire.

Finitions
Coller les boutons pour les yeux et le nez sur le visage. Dessiner la bouche avec le feutre pour tissu. Passer un peu de fard sur les joues pour leur donner des couleurs. Fermer l'ouverture du corps et coller les boutons sur le ventre.

Ribambelle de rennes

Ribambelle de rennes

De Rinske Stevens

Dimensions : 75 cm de long 35 cm de haut

Les gabarits (pages 72 à 74) sont donnés valeur de couture non comprise.

Fournitures

- ★ 80 x 110 cm de flanelle marron pour les corps, les têtes et les queues
- ★ 10 x 60 cm de feutrine crème pour les bois (utiliser les chutes pour le blanc des yeux)
- ★ 10 x 110 cm de tissu pour les nœuds
- ★ chutes de tissus imprimés roses pour les pièces sur les corps
- ★ perles noires de 7 mm pour les yeux
- ★ 10 x 55 cm de flanelle noire pour les nez
- ★ 5 x 55 cm de flanelle crème pour l'intérieur des oreilles
- ★ 5 grelots rouillés
- ★ 5 boutons d'1 cm de diamètre
- ★ ouate de rembourrage en polyester
- ★ granulés de rembourrage
- ★ pistolet à colle chaude

La marche à suivre

Corps

Dessiner le gabarit du corps 5 fois côte à côte en les faisant légèrement chevaucher sur du papier. (Voir page 74)

Poser ce gabarit en papier sur le tissu plié en 2 et dessiner le contour. Ajouter 5 cm au bas de cette pièce. Coudre sur le trait en laissant une ouverture dans le bas. Coudre les arrondis 3 fois pour éviter que la couture ne s'ouvre après le rembourrage.

Dans le bas, coudre une ligne diagonale dans les angles, recouper l'excédent de tissu puis retourner la pièce sur l'endroit. La remplir avec 4 tasses de granulés dans les angles de gauche et de droite et rembourrer le reste avec de la ouate. Une fois la pièce bien rembourrée, fermer l'ouverture dans le bas à points glissés.
En s'aidant de la photo pour les disposer, appliquer 5 pièces de différents tissus imprimés roses sur chaque « corps » au point de feston.

Tracer le gabarit de la queue 5 fois sur le tissu plié en 2, coudre le contour des queues, les découper puis faire une fente dans une des épaisseurs. Retourner sur l'endroit par la fente, fermer l'ouverture et coudre les queues sur le dos de chaque « corps ».

Têtes

Tracer le gabarit de la tête 5 fois sur le tissu plié en 2 et les coudre séparément. Découper en laissant 0,5 cm de valeur de couture. Couper une fente sur l'arrière de chaque tête et les retourner sur l'endroit par la fente. Couper la pièce pour les oreilles 5 fois sur le tissu plié en 2 et coudre en laissant une ouverture. Retourner sur l'endroit et repasser pour aplatir. Coudre chaque oreille sur les têtes. Thermocoller l'intérieur des oreilles sur la flanelle marron et broder le bord au point de feston. Rembourrer les têtes et fermer les fentes dans le dos.

Dessiner chaque gabarit pour les bois sur la feutrine crème pliée en 2. Coudre les bois par 2 sur le trait et découper aussi près de la couture que possible. Coudre les bois derrière la tête.

Yeux

Tracer le cercle pour le blanc des yeux 10 fois sur les chutes de feutrine crème.
Coudre une perle noire de 7 mm sur chaque cercle puis fixer le tout sur les têtes avec le même fil.

Nez

Tracer le gabarit du nez 5 fois sur le tissu noir et les découper. Passer un fil de fronce sur le contour de chaque cercle et commencer à froncer. Avant de froncer complètement, insérer une pincée de ouate, tirer sur le fil et l'arrêter solidement. Coller sur la tête avec de la colle chaude.

Nœuds

Dessiner le gabarit du nœud 5 fois sur le tissu plié en 2, coudre sur le trait. Faire une fente dans le dos puis retourner sur l'endroit par la fente. Repasser chaque nœud pour l'aplatir et le fixer entre les oreilles avec un bouton. Dessiner les visages avec un feutre pour tissu puis coller les têtes sur le corps avec de la colle chaude.

Pattes

Tracer le gabarit de la patte 10 fois sur le tissu plié en 2, coudre sur le trait. Faire une fente sur le dos de la patte puis retourner sur l'endroit par la fente. Rembourrer légèrement et fermer l'ouverture. Coudre les pièces de tissu imprimé rose sur les pattes au point de feston puis coller les pattes sur les corps avec de la colle chaude.

Enfiler les grelots sur un cordon ou un ruban et les nouer autour du cou de chaque renne.

Gabarits

Le Père Noël arrive p.4

Bloc B p.20

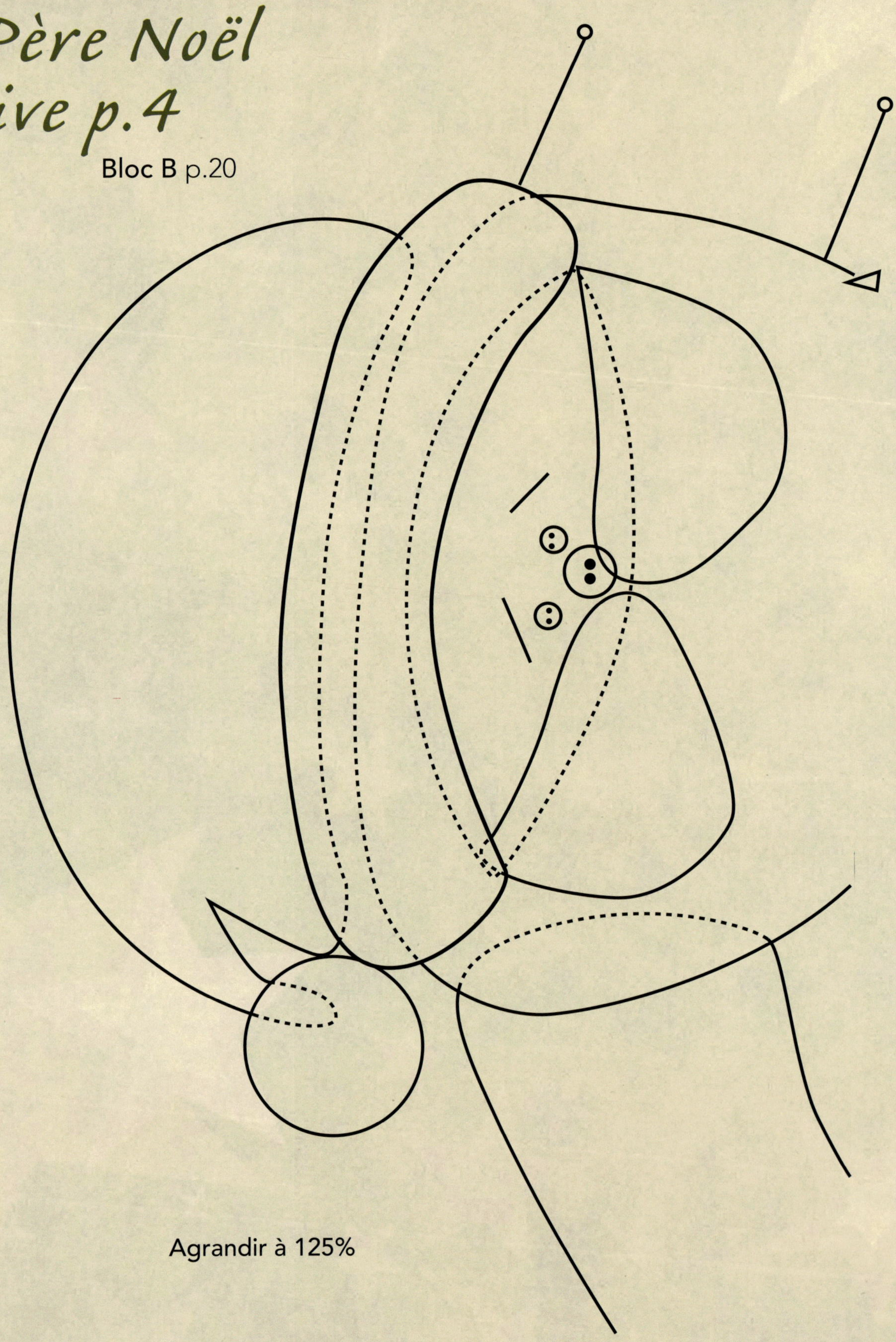

Agrandir à 125%

Joindre cette partie à celle de gauche p.58

Bloc B p.20

Agrandir à 125%

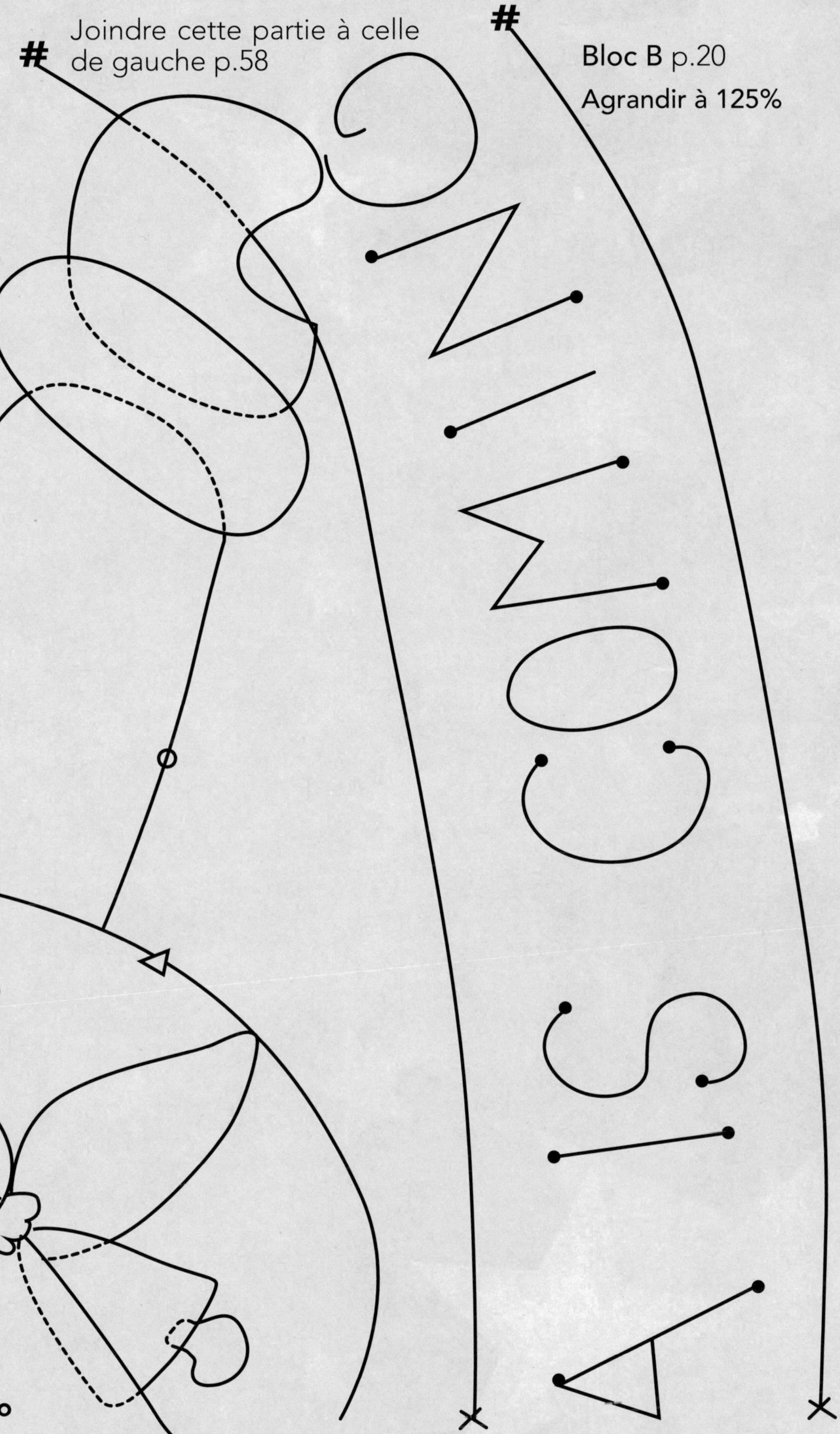

Bloc J p.15

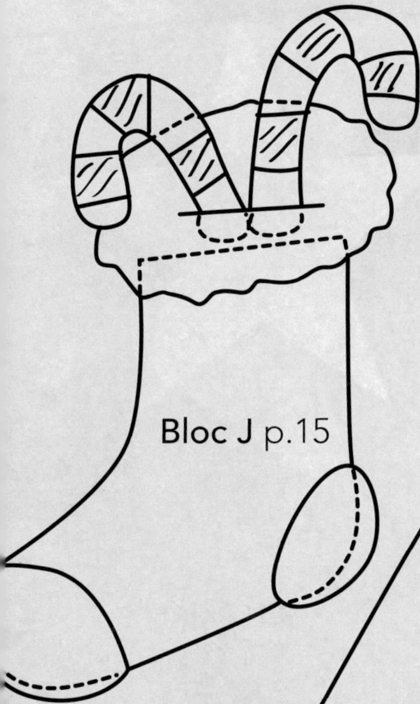

Joindre cette partie à celle de gauche p.58

Anges des angles supérieurs p.22

Blocs A 1+2 p.6

Bloc B p.20

Agrandir à 125%

Voir suite p.57

Joindre cette partie à celle de droite p.57

Le Père Noël arrive p.4

Bloc E p.11

Bloc G p.13

Bloc H p.13

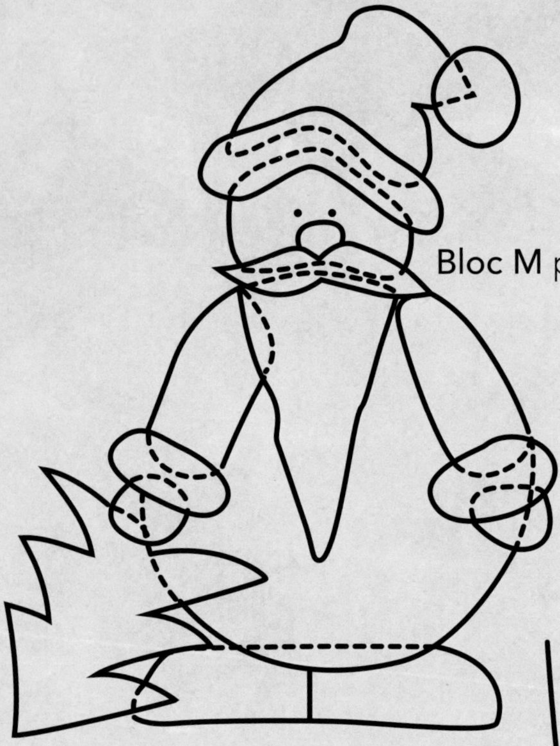

Bloc M p.14

Bloc I p.14

Bloc L p.16

Le Père Noël arrive p.4

Blocs N1 + N2 p.17

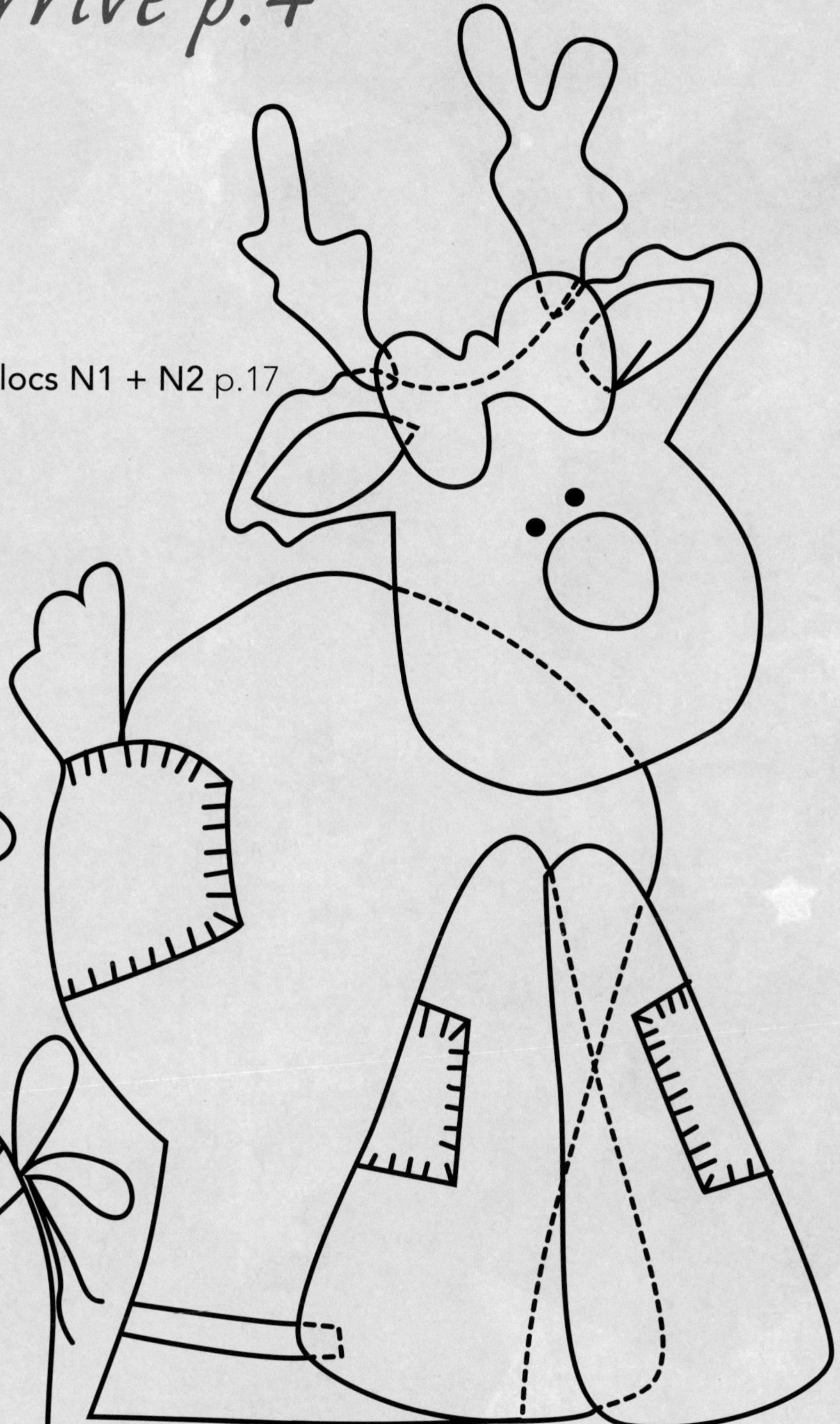

Blocs C1 + C2 p.9

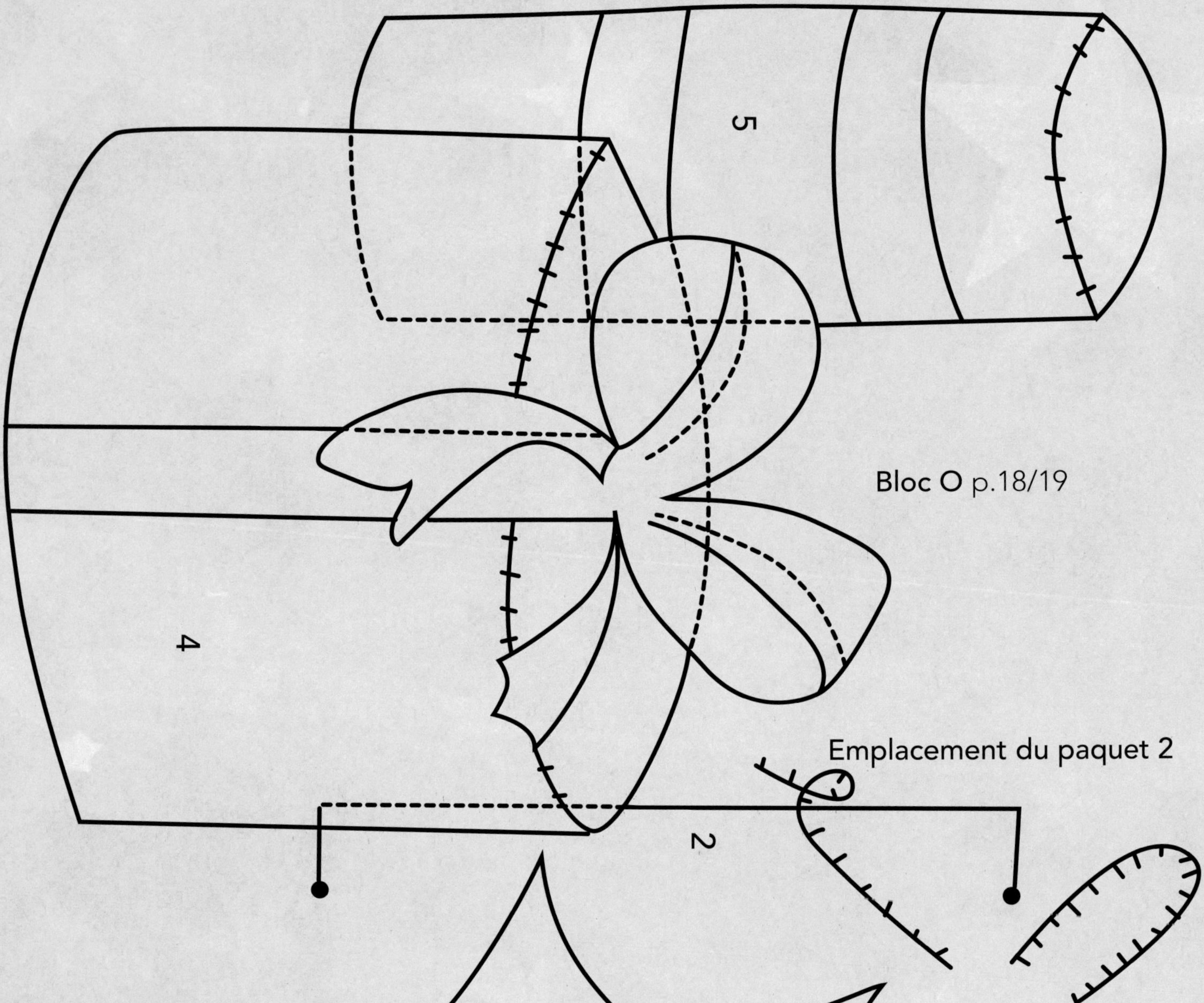

Bloc O p.18/19

Emplacement du paquet 2

Feuilles de houx
Angles du bas p.22

Le Père Noël arrive

Bloc O p.18/19

Sara p.26

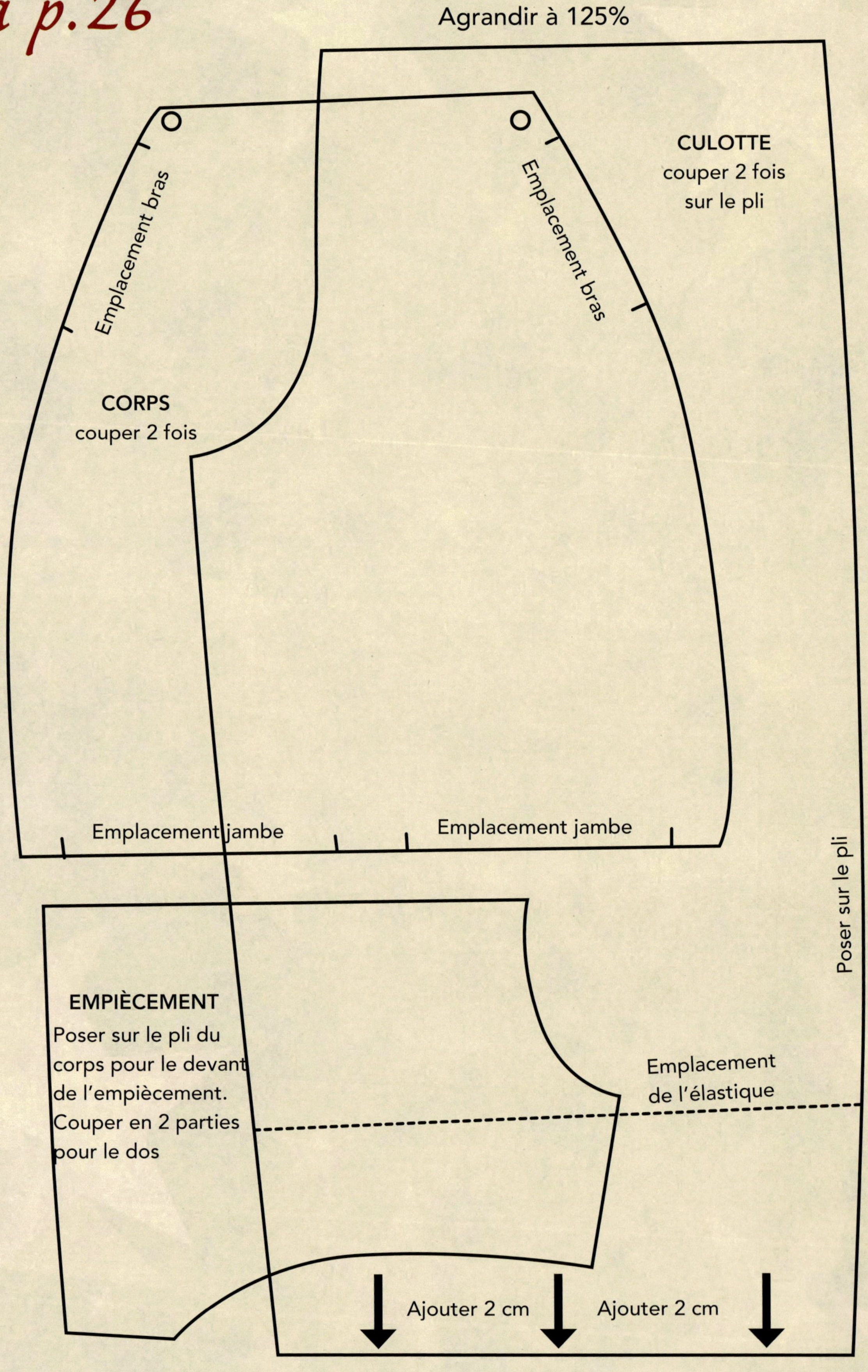
Agrandir à 125%
CULOTTE
couper 2 fois
sur le pli
Emplacement bras
Emplacement bras
CORPS
couper 2 fois
Emplacement jambe
Emplacement jambe
Poser sur le pli
EMPIÈCEMENT
Poser sur le pli du corps pour le devant de l'empiècement. Couper en 2 parties pour le dos
Emplacement de l'élastique
Ajouter 2 cm
Ajouter 2 cm

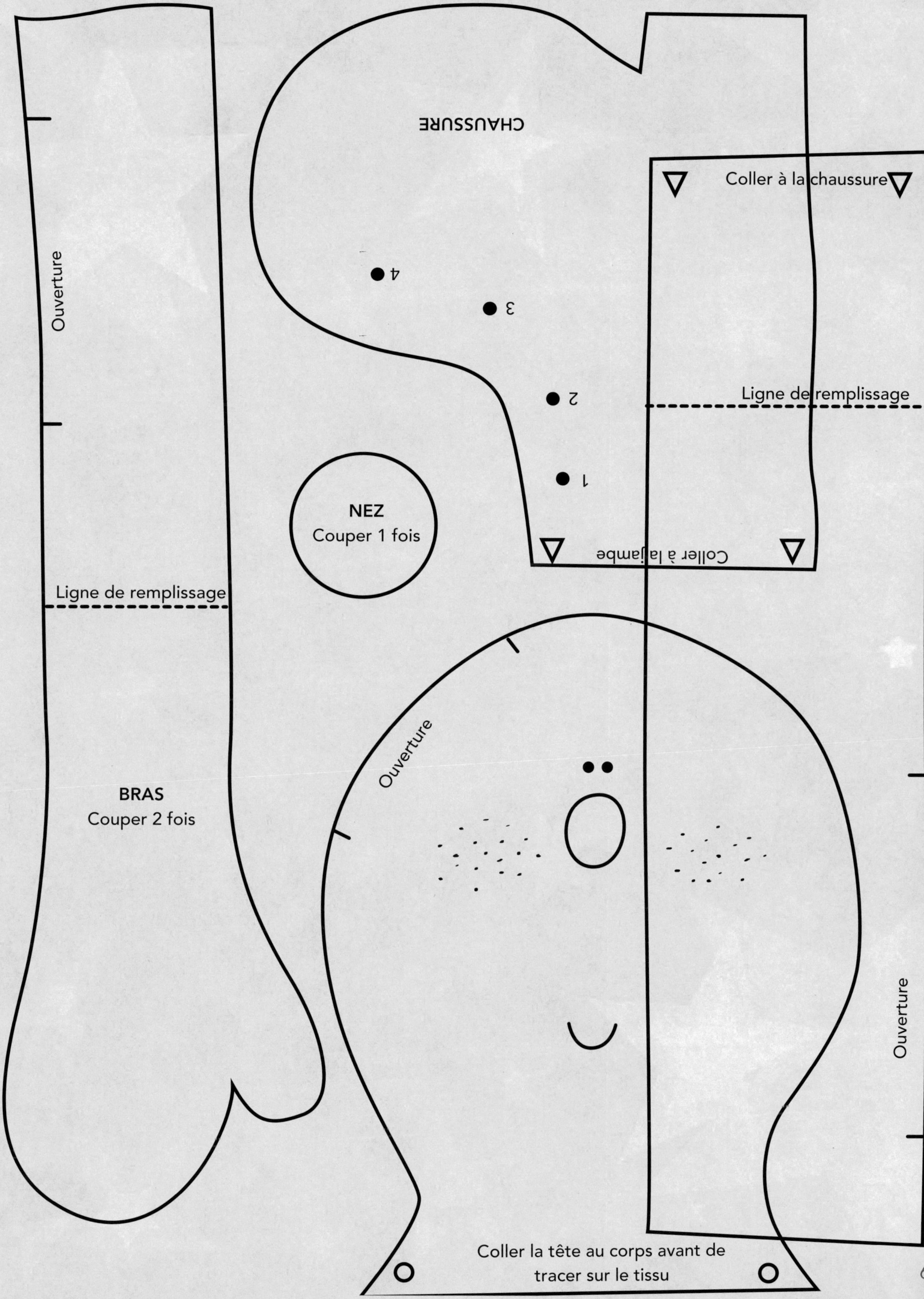

Ouverture
CHAUSSURE
Coller à la chaussure
4
3
2
1
Ligne de remplissage
NEZ
Couper 1 fois
Coller à la jambe
Ligne de remplissage
BRAS
Couper 2 fois
Ouverture
Ouverture
Coller la tête au corps avant de
tracer sur le tissu

Mini bottes de Noël p.36

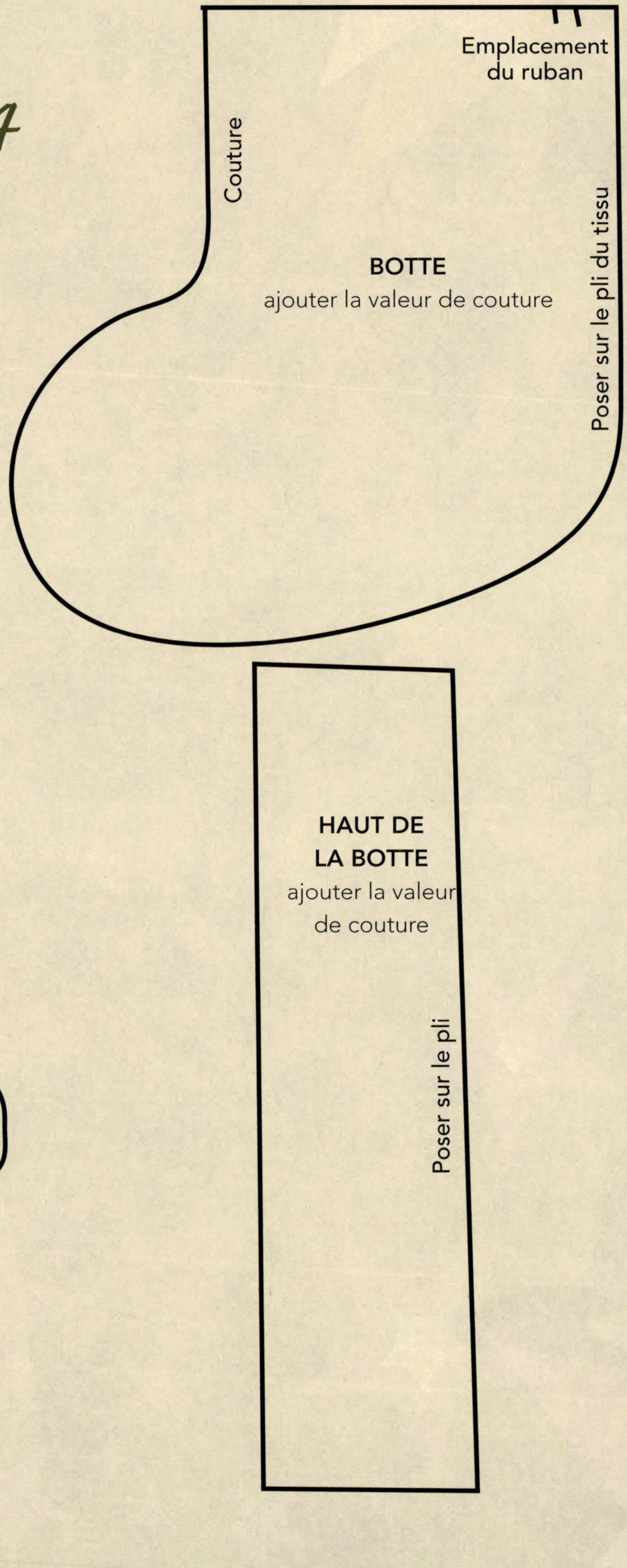

Cartes de Noël p.24

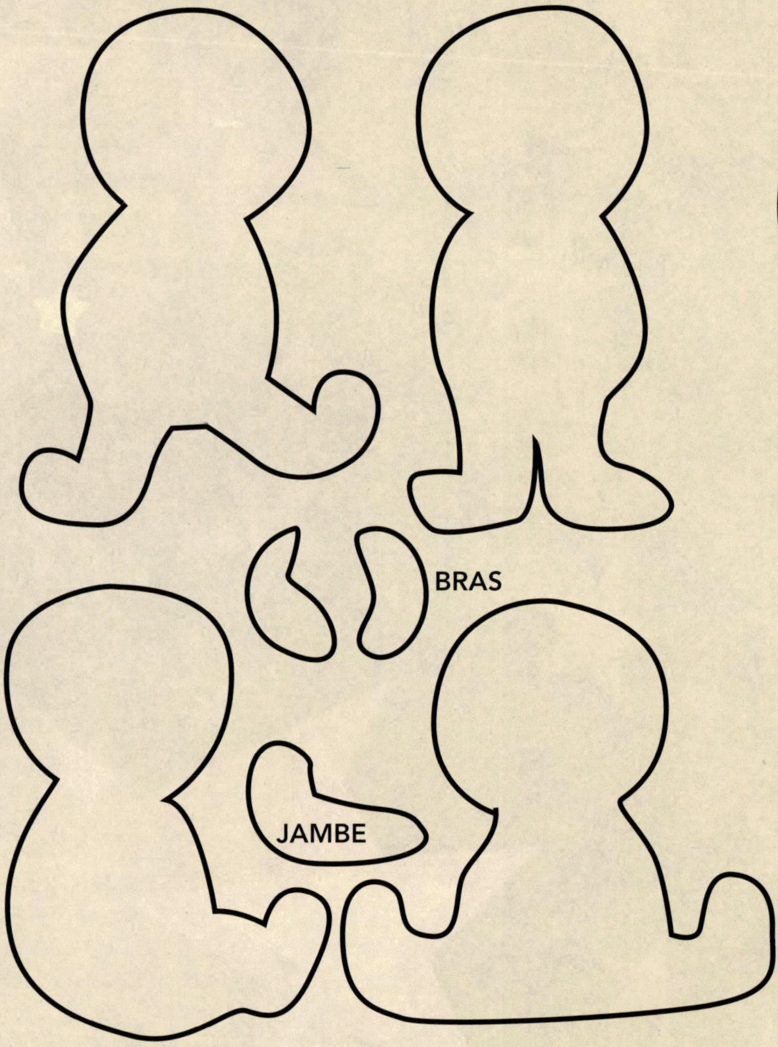

Les gabarits des bonhommes de neige sont les mêmes que ceux du pain d'épices

Personnages en pain d'épices et essuie-mains p.44

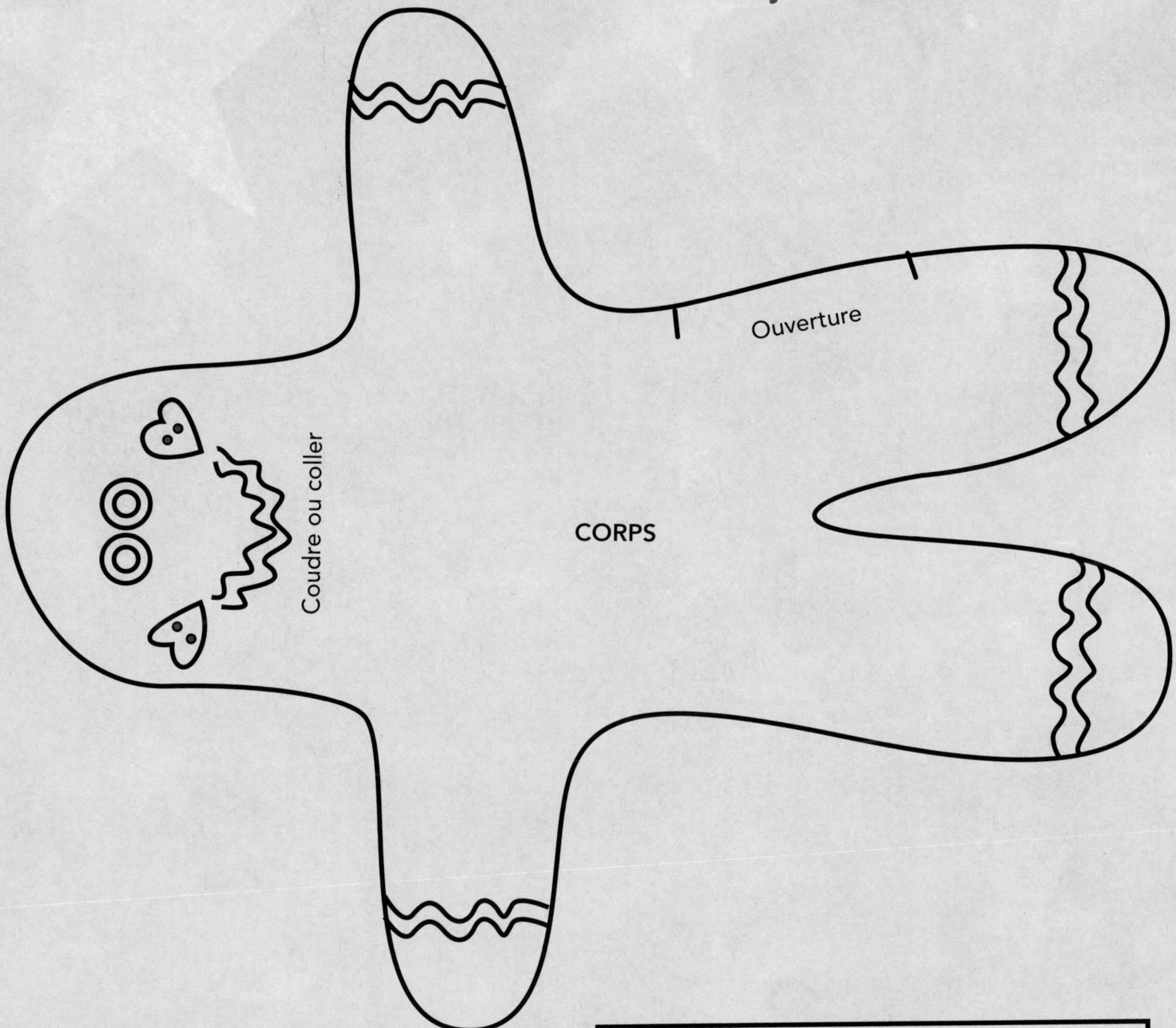

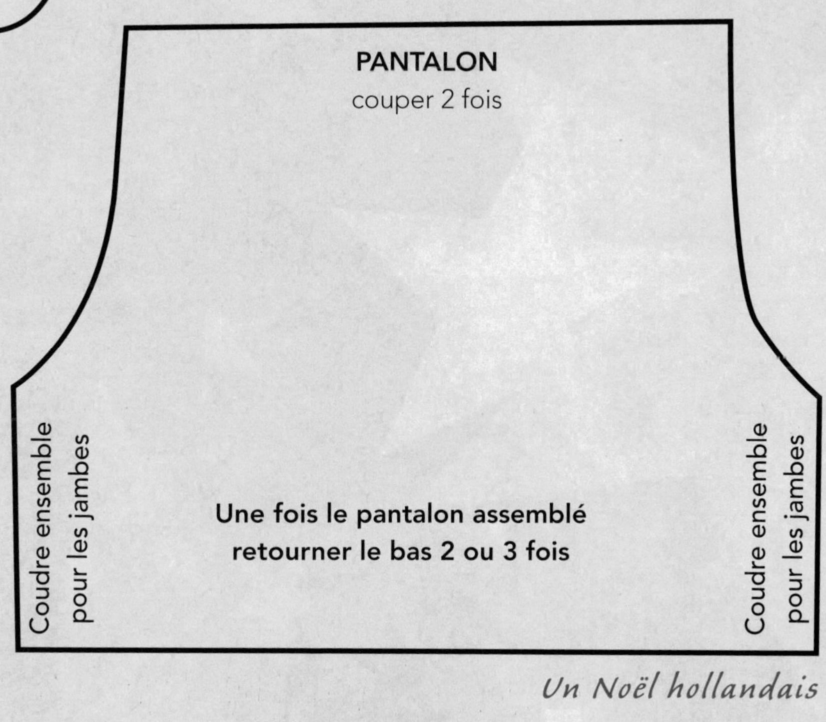

Anges divins p.32

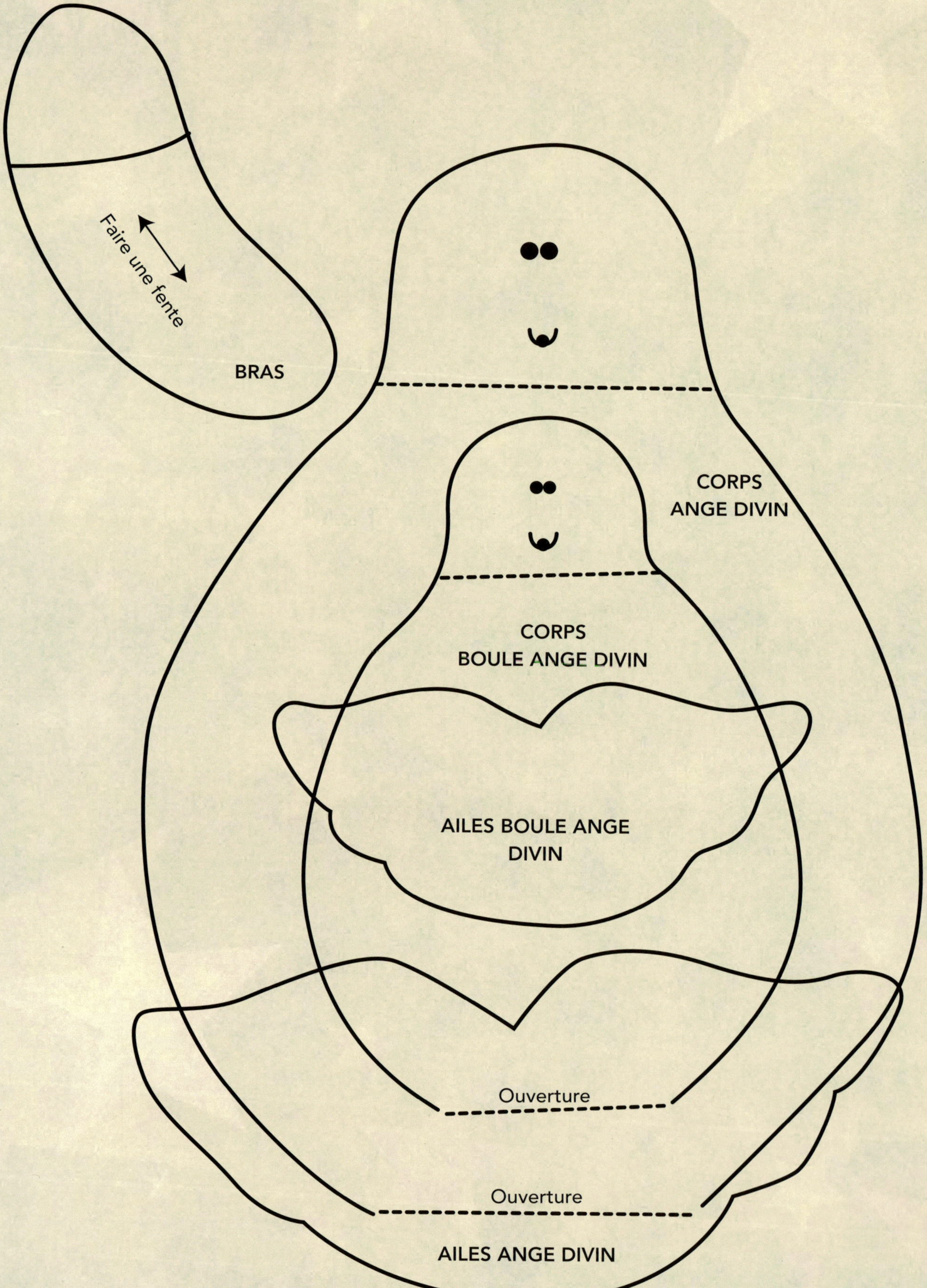

Gros bonshommes de neige p.37

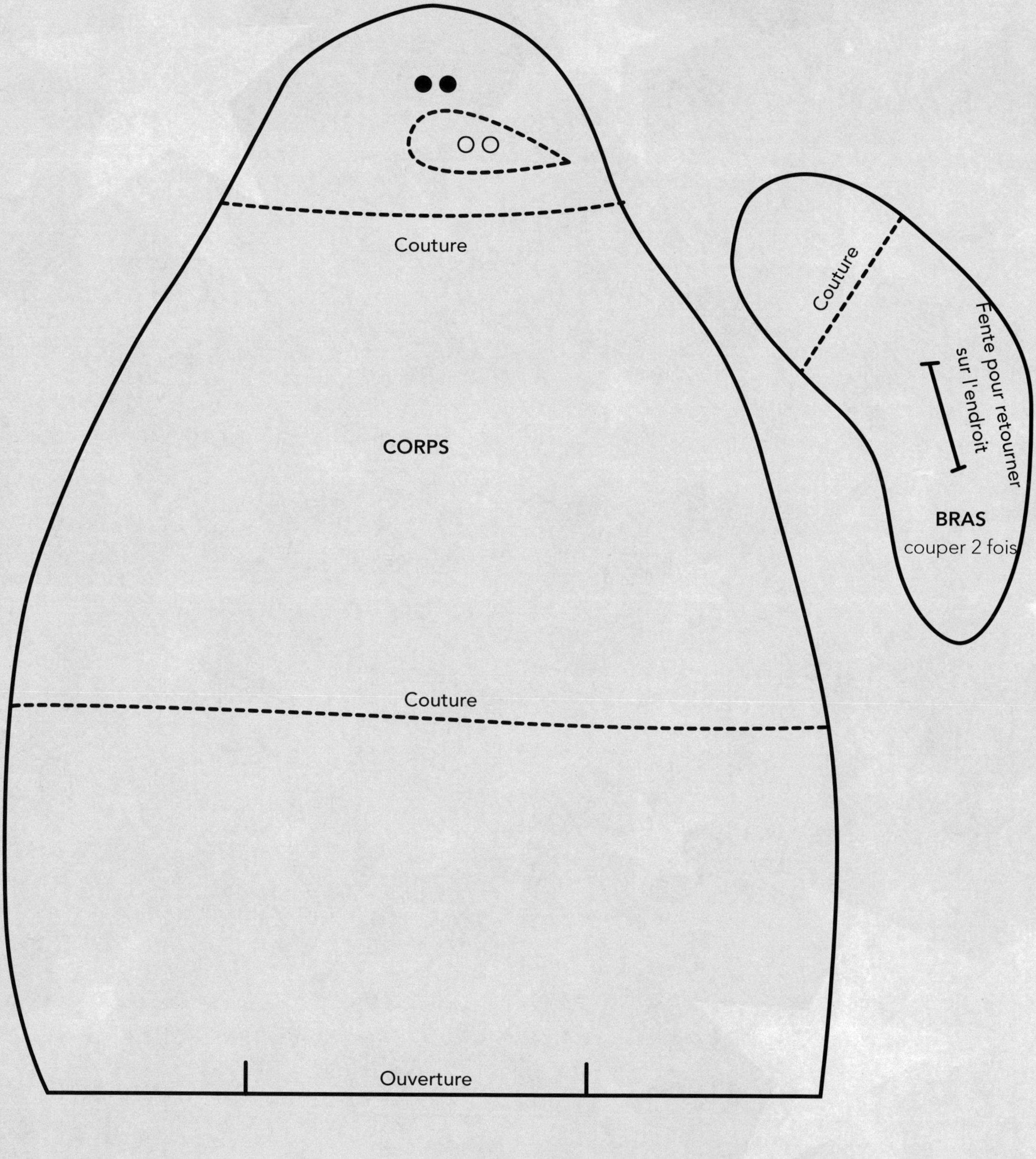

Fillettes de Noël p.30

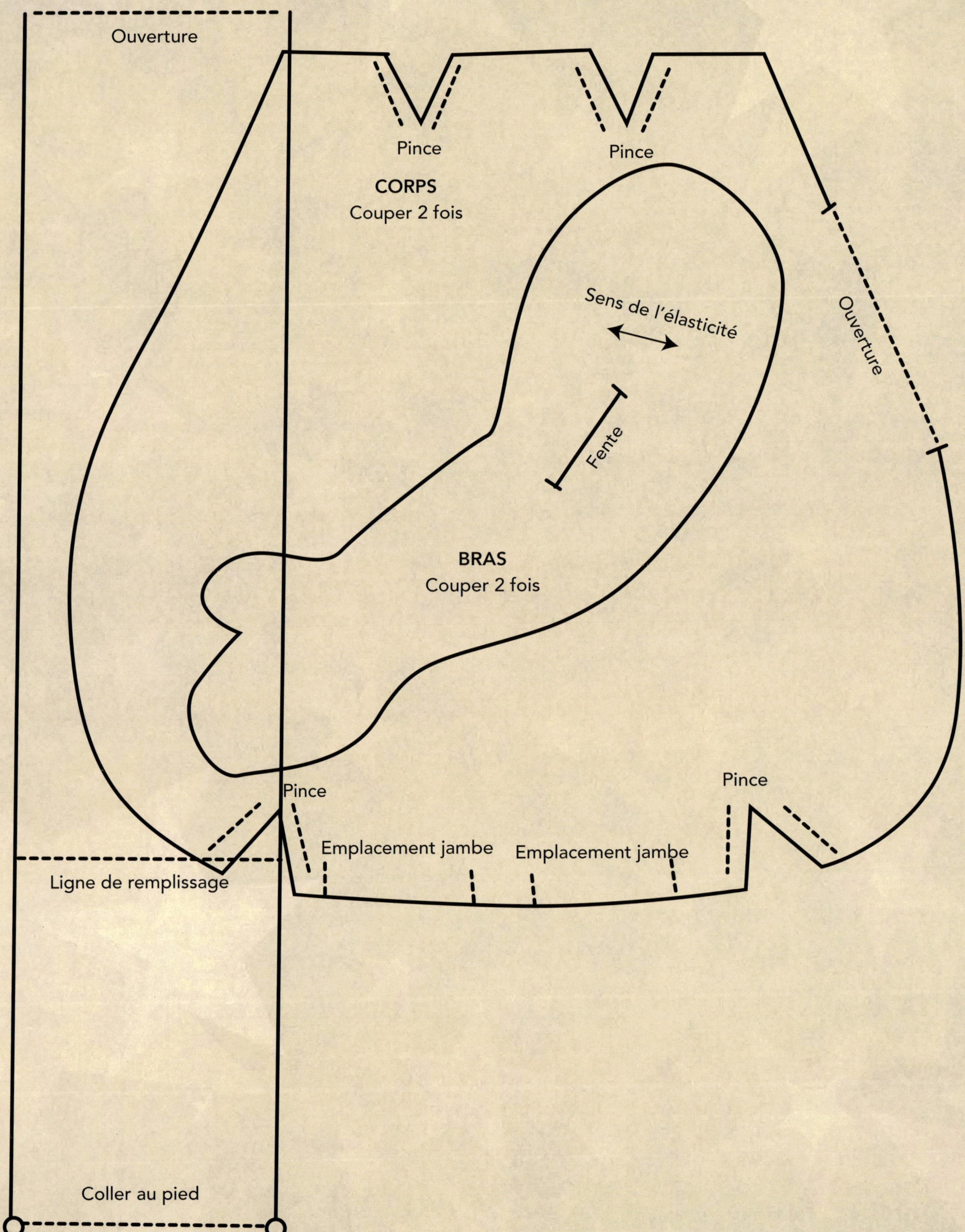

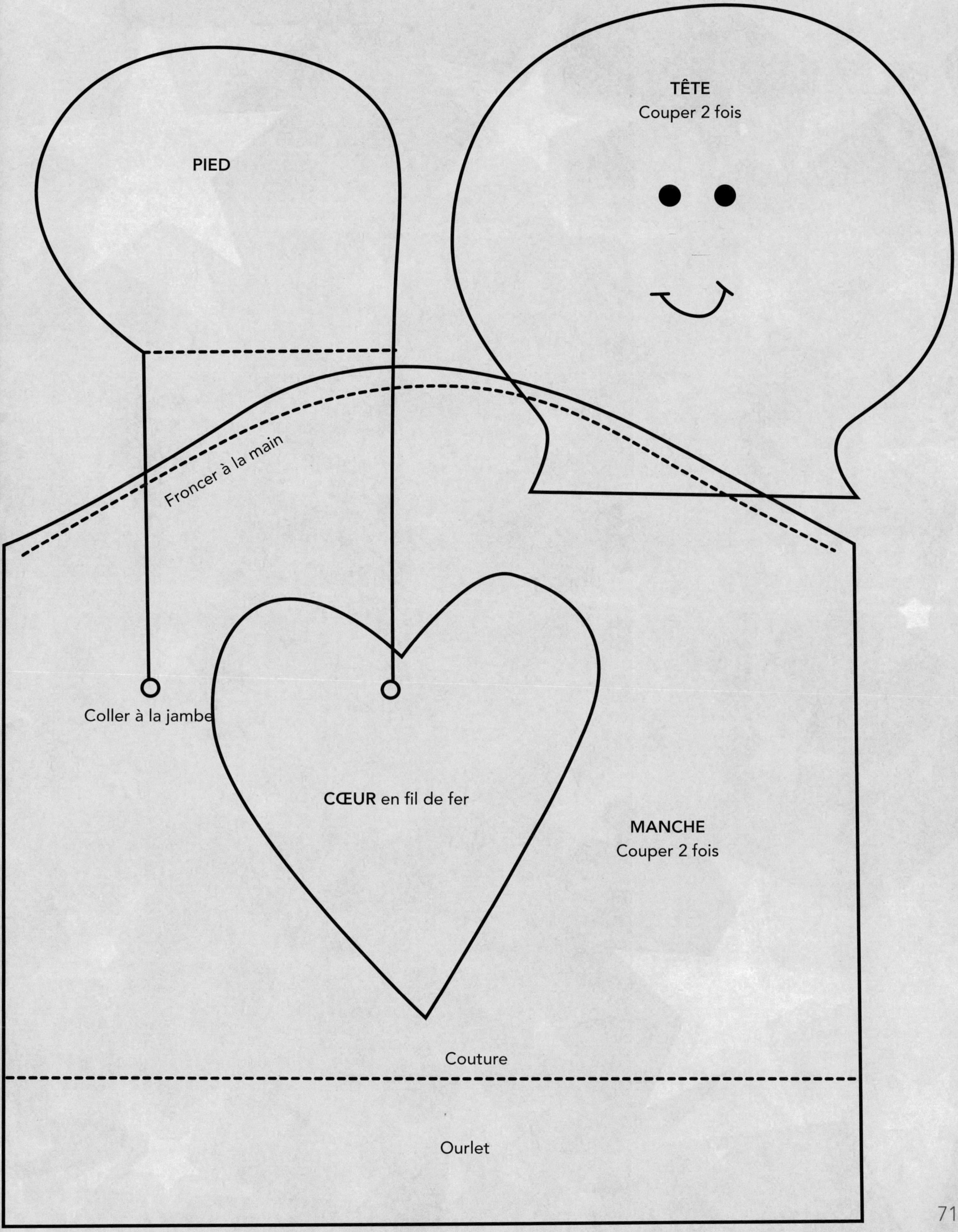
PIED
TÊTE
Couper 2 fois
Froncer à la main
Coller à la jambe
CŒUR en fil de fer
MANCHE
Couper 2 fois
Couture
Ourlet

Ribambelle de rennes p.52

Taille réelle

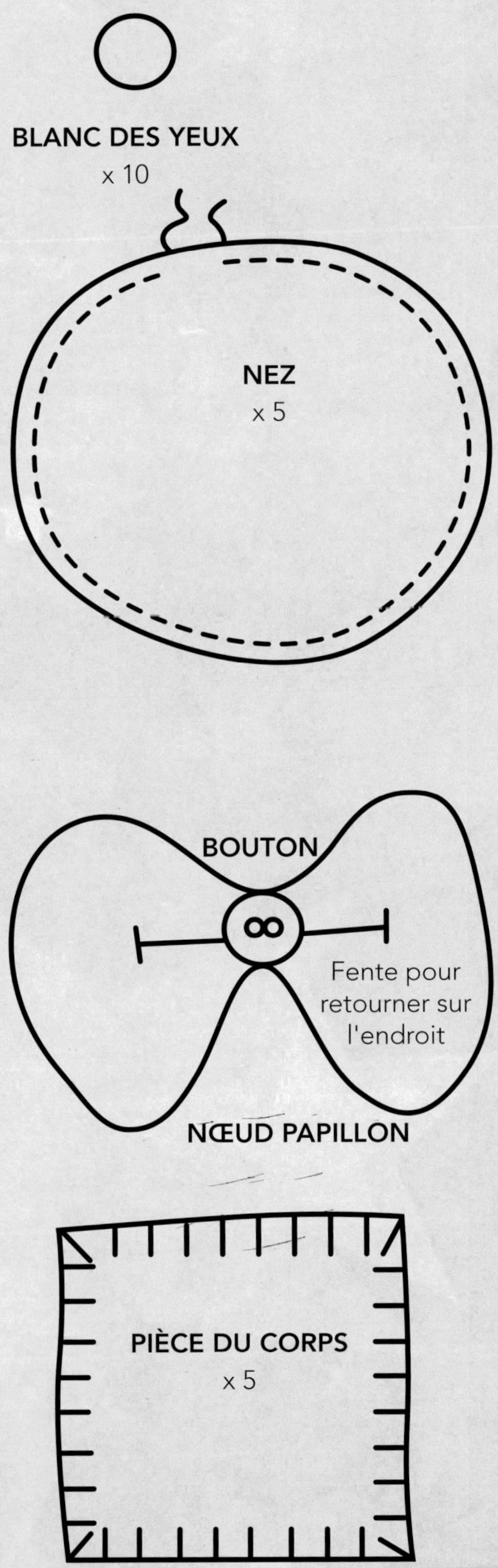

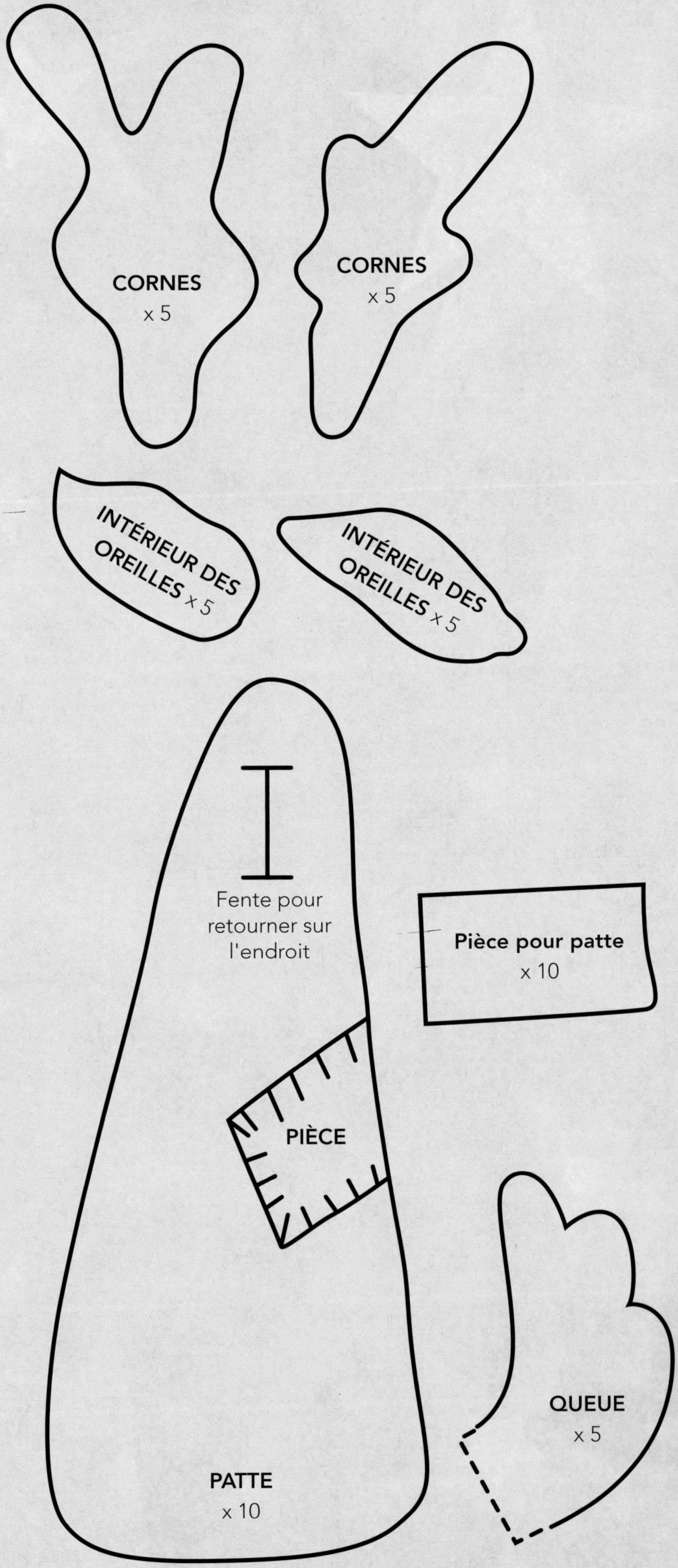

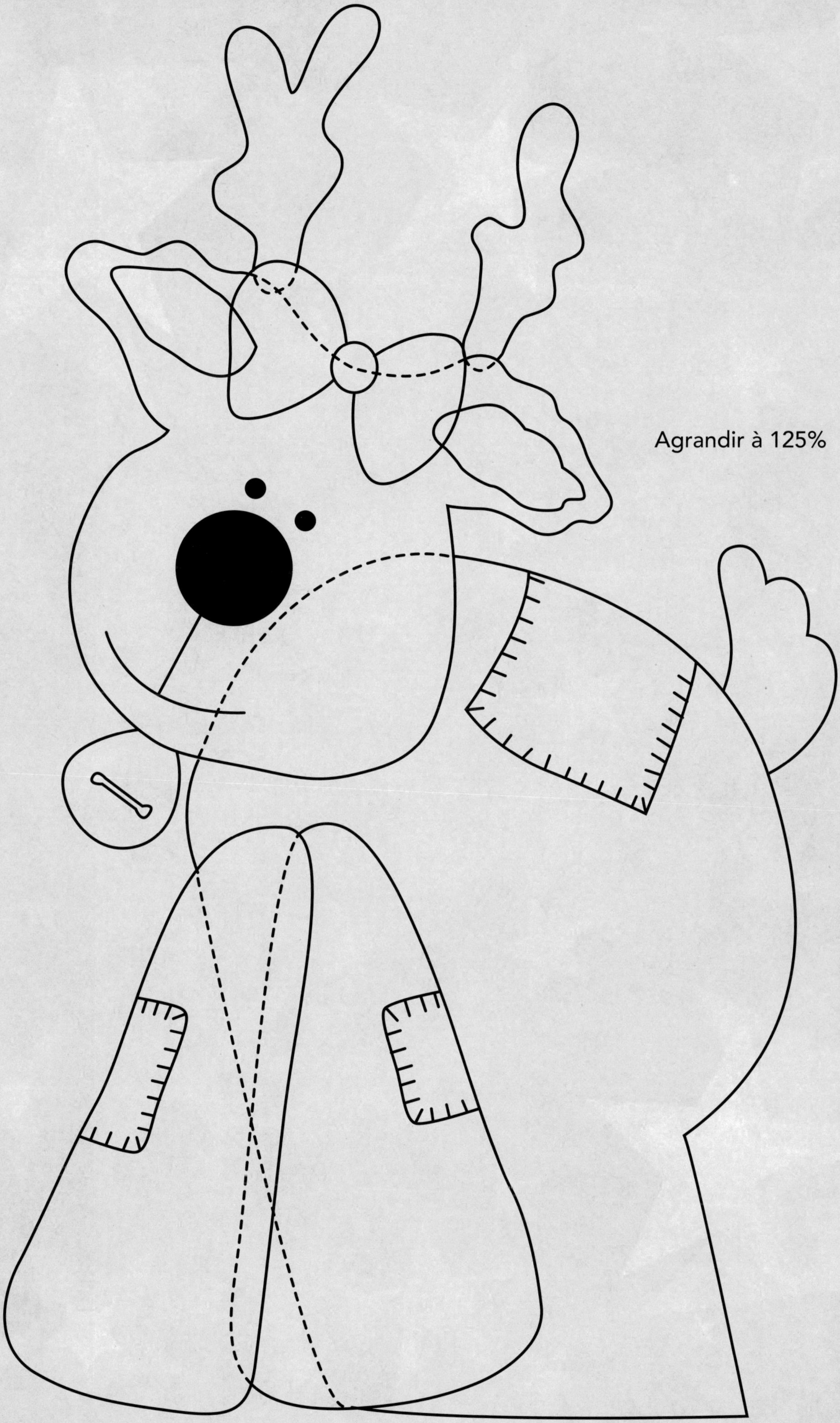

Agrandir à 125%

Ribambelle de rennes p.52

Agrandir à 125%

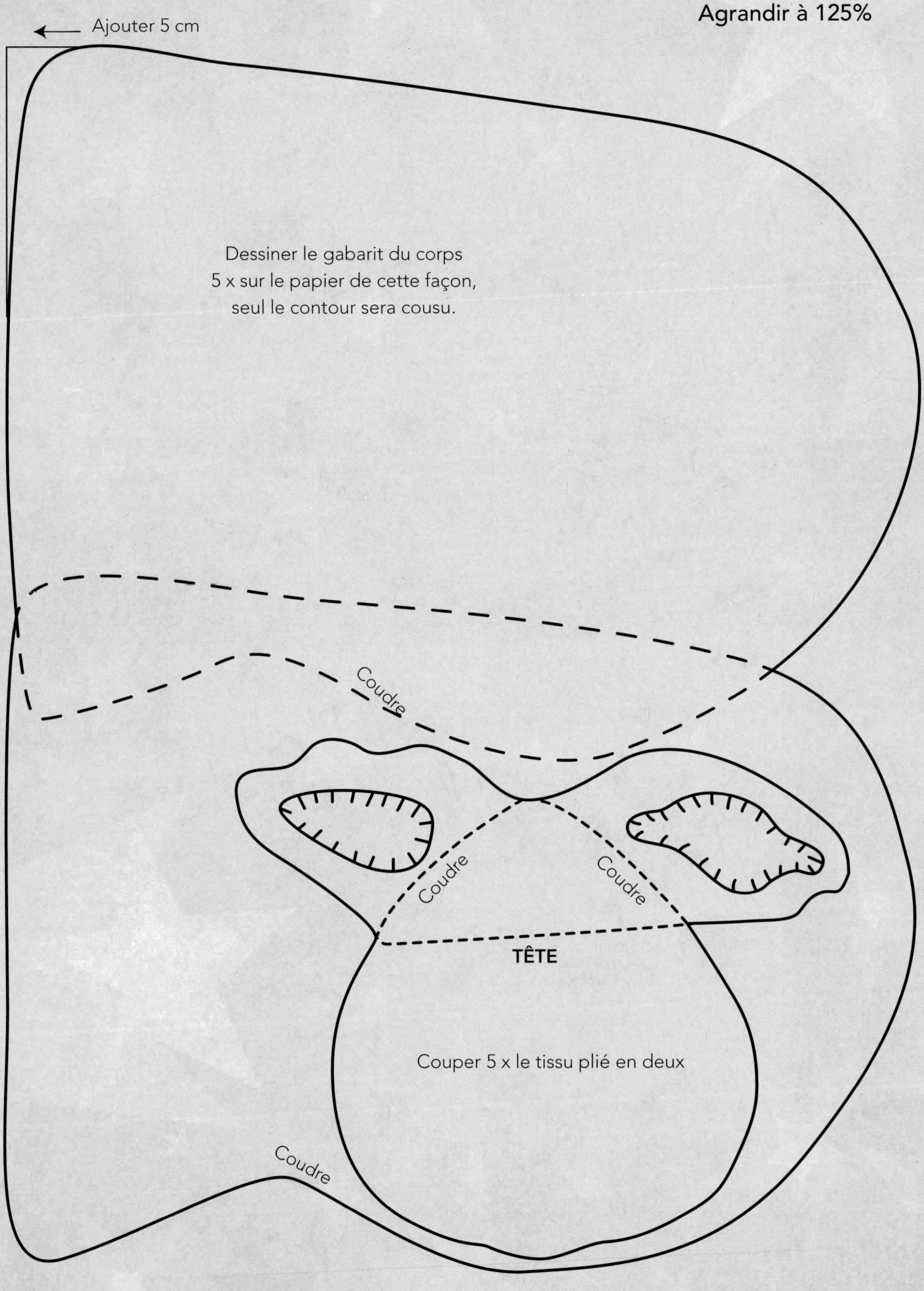

Le Noël de Sara p.46

Agrandir à 150%

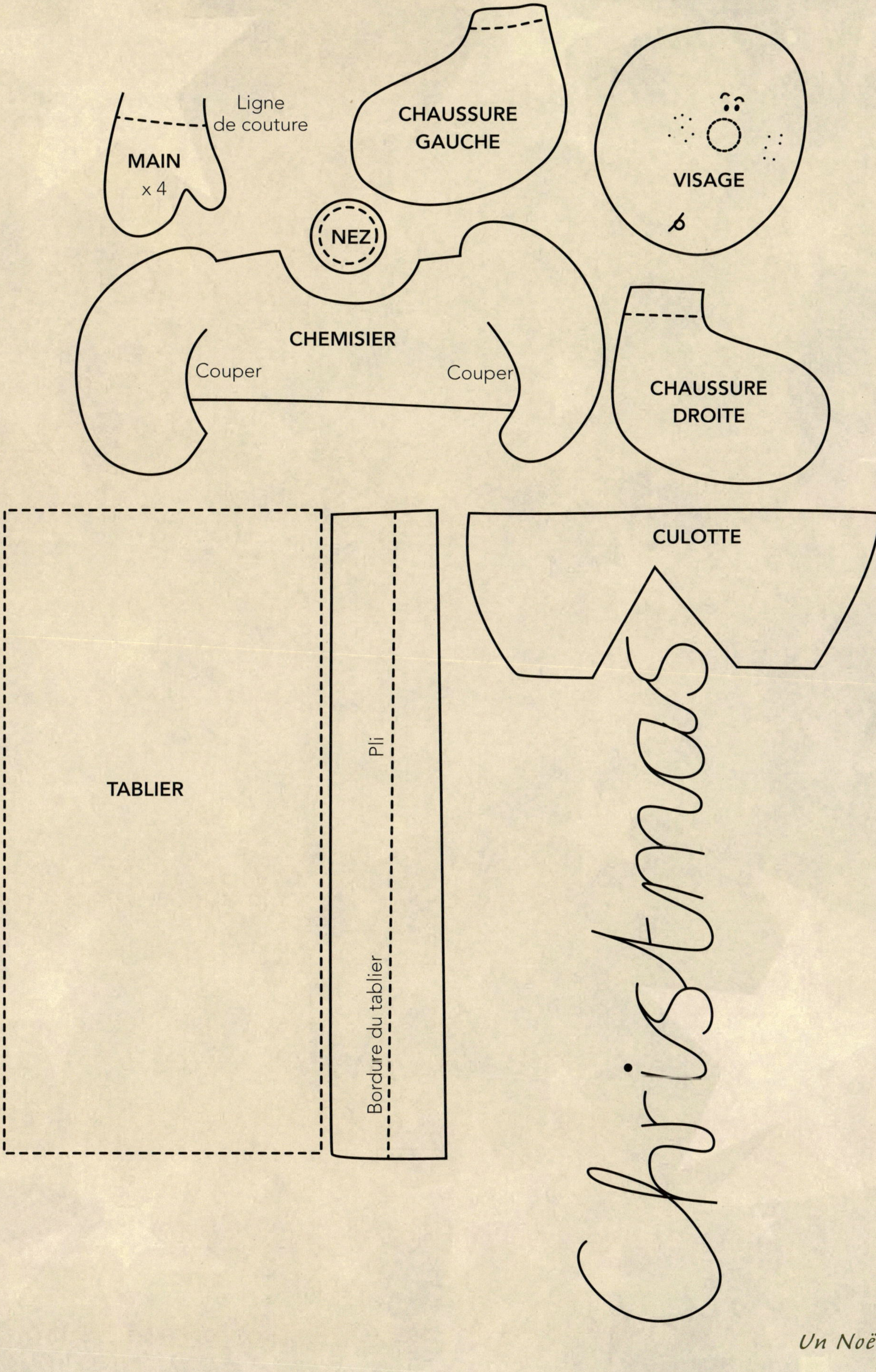

Suspension de porte
« bonhomme de neige »
p.49

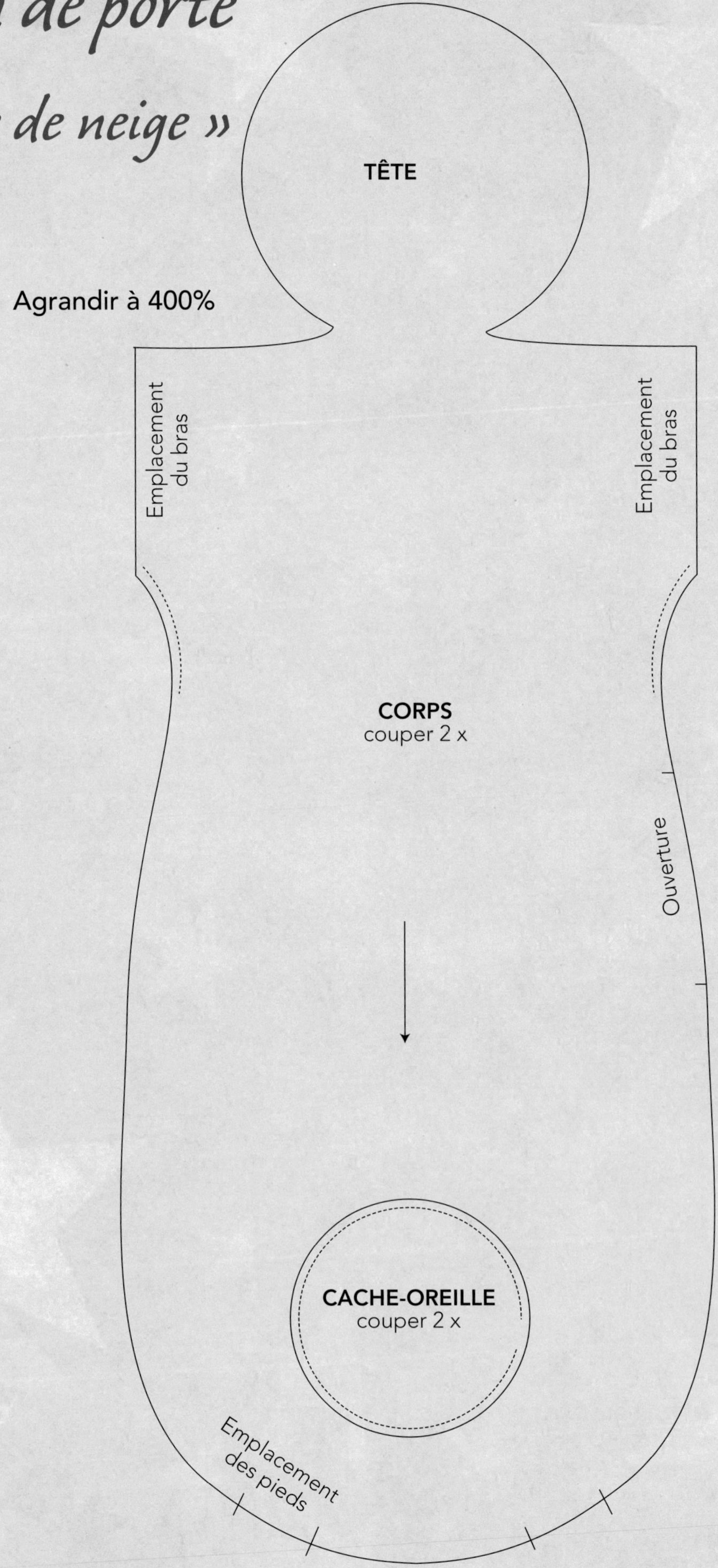

Agrandir à 400%

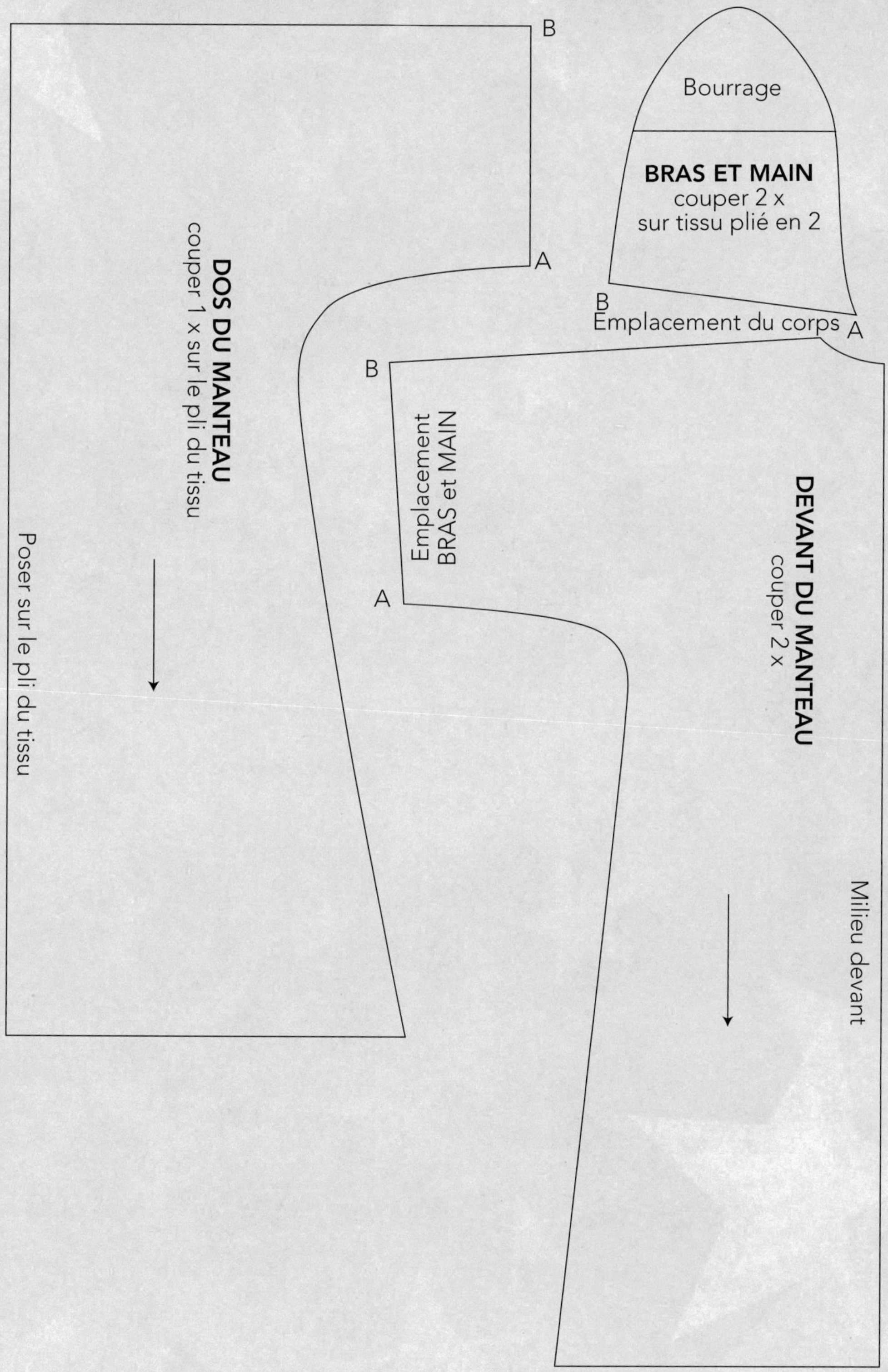

Suspension de porte « bonhomme de neige » p.49

Agrandir à 150%

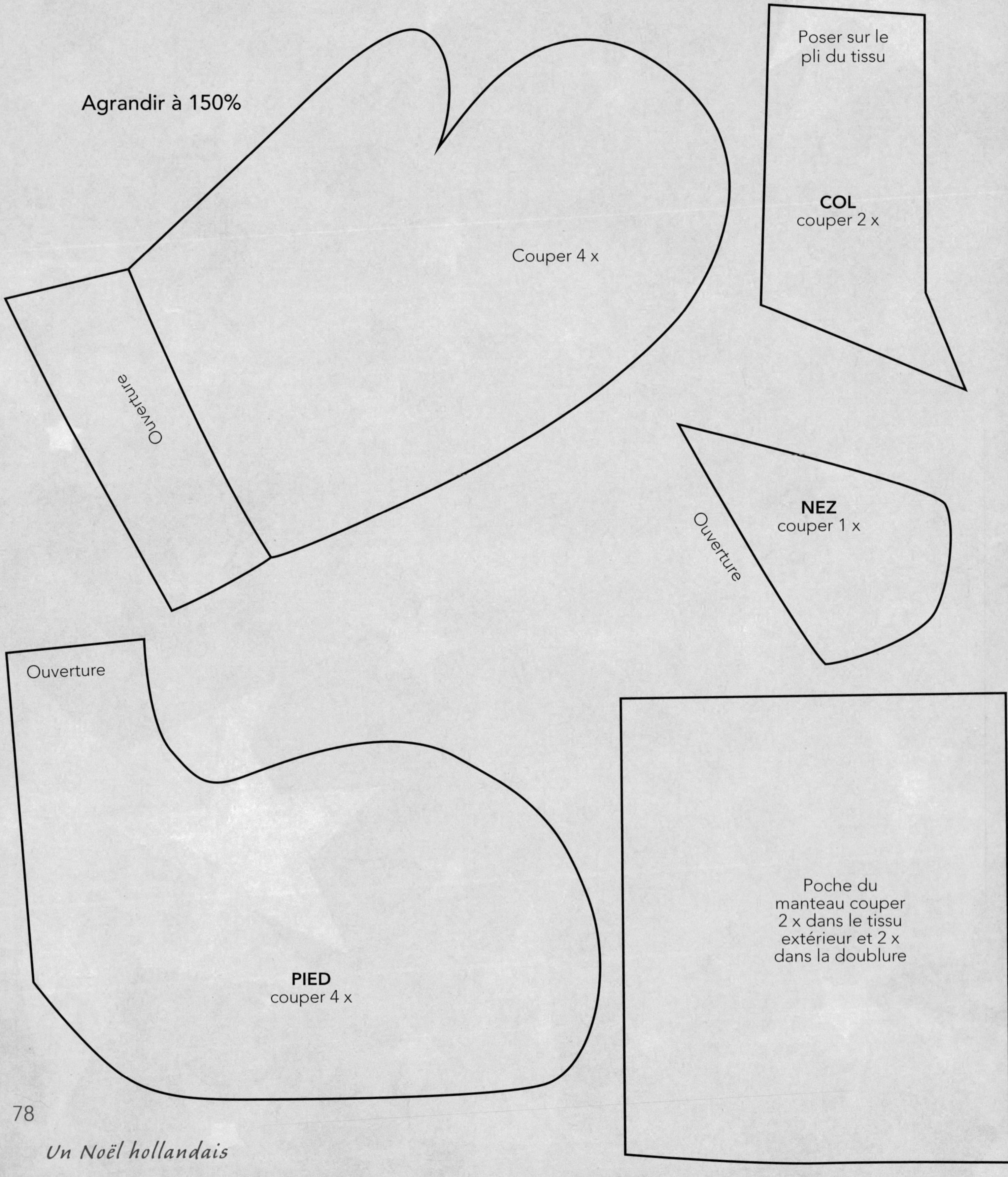

La maison en pain d'épices p.38

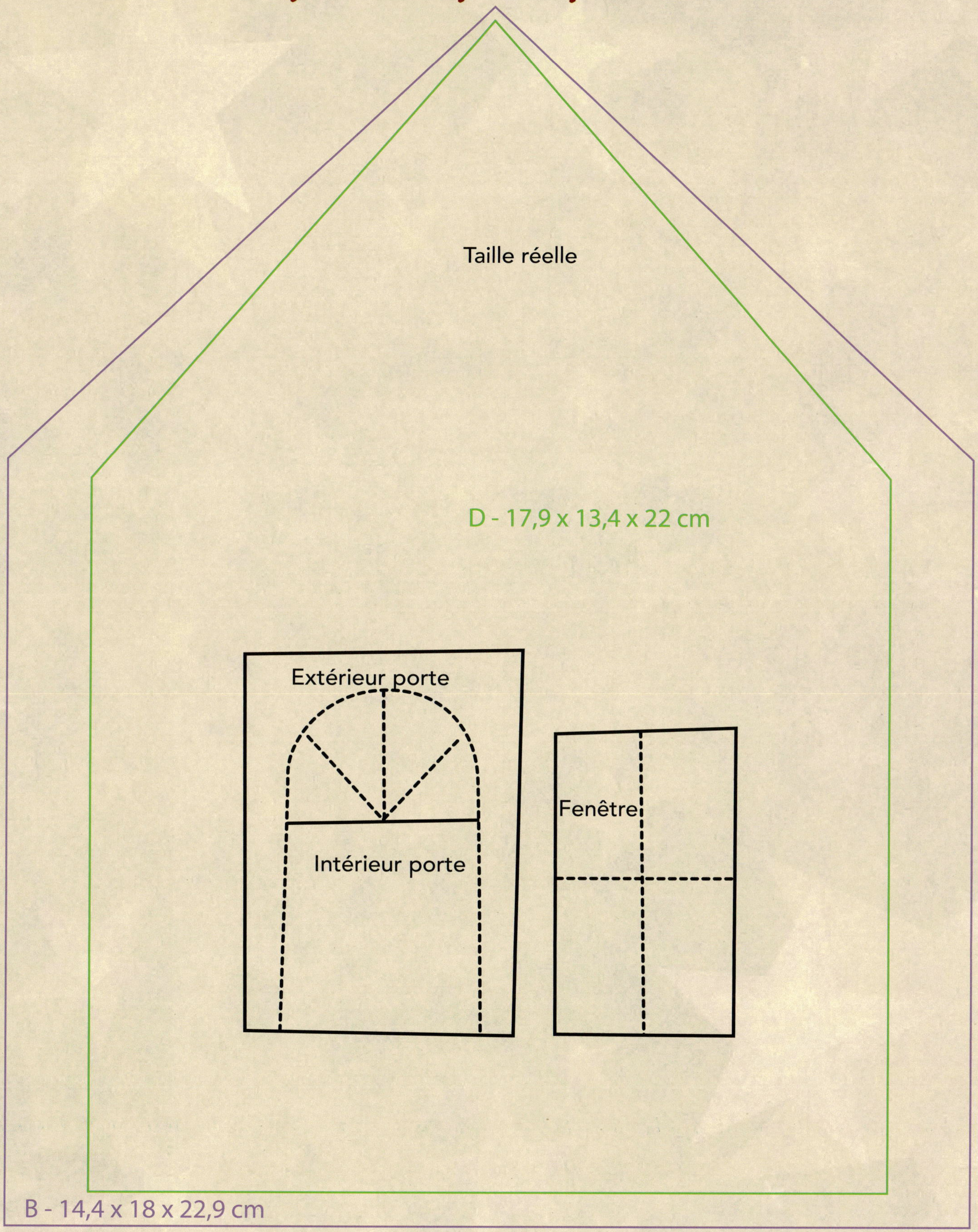

LES EDITIONS DE SAXE
13 rue Jules Verne - CS 40205
69630 CHAPONOST

www.edisaxe.com

N° Indigo 0 825 00 42 49
0,15€ TTC / MN

Publié pour la première fois sous le nom de
"Christmas Feelings" en 2010 par

MLDI 173 - ISBN 978-2-7565-0778-1
Imprimé en France - Chirat
1er tirage : août 2011 - Dépôt légal : à parution

Créations : Hilde Hoebeke,
Emmy van Ruitenbeek et Rinske Stevens
Traduction : Martine House
Photos : Didier Barbecot (sauf indications contraires)
Maquette : Clotilde Jenoudet